길을 찾는 이들에게

KB217939

길을 찾는 이들에게

최요한 목사 칼럼집

나침반

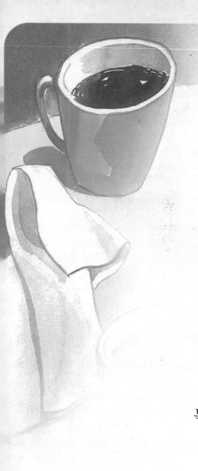

길을 찾는 이들에게

특별히 _____ 님께
이 소중한 책을 드립니다.

나는 동행자입니다

　많은 사람들이 삶의 길목에서 어디로 가야할지... 고심하고 있음을 볼 때마다 마음이 안타까웠기에, 그들에게 삶의 네비게이션이 되고 싶어, 인생살이의 키워드인 감사, 희망, 사랑, 인생에 대한 52편의 칼럼을 만들었습니다.

　누구나 부담 없이 읽을 수 있도록 감동적이고 희망적인 예화들을 많이 인용하였고, 마무리는 매 칼럼마다 삶에 적용할 수 있도록 큐티식 말씀을 넣었습니다.

　하나님께서 우리를 얼마나 사랑하시고 우리가 받은 은혜가 얼마나 큰 것 인가를 깨닫게 하여 독자들로 하여금 행복한 삶을 살게 하고 싶은 의도가 담겨진 칼럼입니다. 아무쪼록 이 칼럼을 통해 우리의 삶이 조금이라도 더 풍성해지고 감사가 넘쳐나기를 바랍니다. 그리고 고단하고 지친 영혼들에게는 삶의 응원가가 되고, 방황하는 영혼들에게는 길을 찾는 안내서가 되었으면 하는 마음이 간절합니다.

지금까지 목회의 여정을 인도해주시고 고비고비마다 여호와이레의 축복으로 승리하게 하신 하나님께 모든 영광을 돌리며, 개척 후 23년 동안 한결같이 부족한 종을 믿고 든든한 동역자가 되어 준 남서울비전교회 교인들에게 감사를 드립니다. 그리고 항상 바른 종이 되도록 기도해 주신 어머니와 지난 35년의 세월 동안 변함없이 저를 믿고 따라와 준 아내에게도 감사를 드립니다. 어머니와 아내가 없었다면 오늘의 저는 없었으리라 생각합니다.

마지막으로 이 책의 출판을 맡아서 수고해주신 나침반출판사 김용호 대표님과 직원 분들에게 감사를 드리며, 이 책을 읽는 모든 독자들에게 주님의 한량없는 은혜와 평강이 넘치기를 소원합니다.

최요한 목사

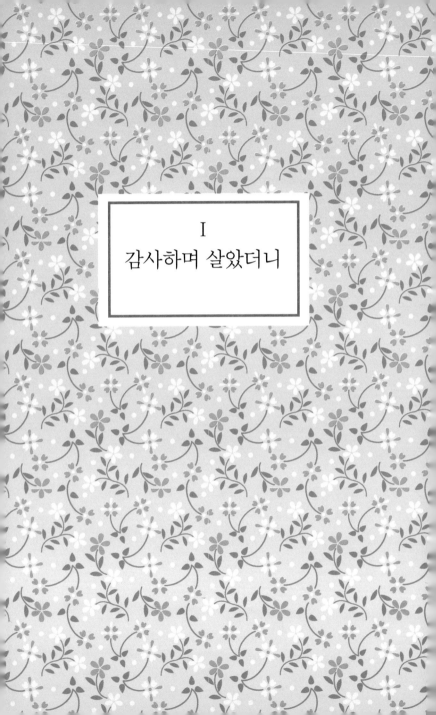

I
감사하며 살았더니

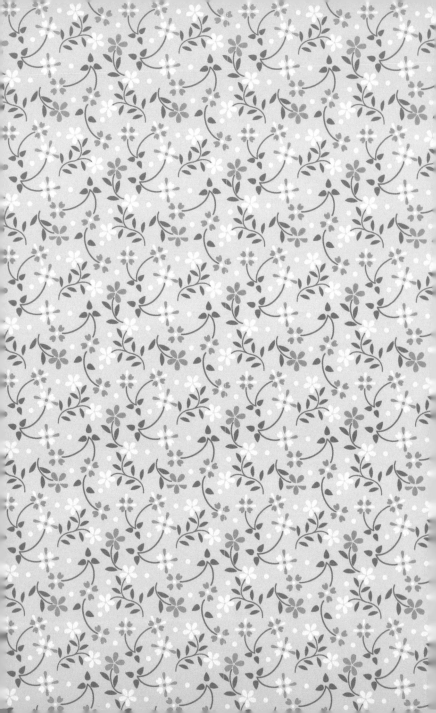

감사하며 살았더니

마쓰시다 그룹의 창업주인 마쓰시다 고노스케는 아사히신문이 '지난 천년 동안 가장 위대한 경영인'으로 선정할 정도의 뛰어난 기업인이다. 일본에서는 '경영의 신'으로 불린다.

마쓰시다는 6살 때 아버지가 사업에 실패해 9살에 학교를 중퇴하고 3년 동안 잔심부름을 하며 아기를 돌보는 일을 했다. 그것이 그의 첫 직장이었다. 두 번째 직장은 자전거포였다. 새벽 5시에 일어나 길에 물을 뿌리고 일을 한 뒤에도 밤늦게까지 연구와 공부를 할 정도로 그는 열심히 일했다. 그리고 5년 후 17살 때 오사카 전등회사직공으로 입사를 했고, 23살에 퇴사한 뒤 마쓰시다 전기기구 제작사를 차렸다. 그때 그간의 연구 노하우를 바탕으로 '쌍소켓'을 발명했는데, 첫 제품임에도 큰 히트를 쳤다. 두 번째로 개발한 자전거 전조등은 더 큰 성공을 거두어 회사의 규모도 점점 커졌고 마쓰시다도 청년 실업가로 일본 전역의 주목을 받았다.

그러다 1929년 세계대공황을 맞아 그의 기업도 위기를 맞게 된다. 기업은 물론이고 은행까지 도산할 정도의 불황이었는데 마쓰시다는 그런 불황에도 직원들을 해고하지 않고 오히려 하나가 되어 제품을 생산하고 재고품 판매에 최선을 다했다. 그 결과 기나긴 불황이 끝나자 구조조정을 하지 않았던 것이 덕이 되어 다른 기업들보다 더 빨리 실적이 회복되고 승승장구하게 된다. 현재 마쓰시다 그룹은 내셔날 파나소닉을 비롯해 570여 개의 계열사에 25만 명의 종업원을 거느린 대기업이 되었다.

그의 성공 비결에서 결코 빼놓을 수 없는 비결이 있는데, 바로 그의 삶 전체에 묻어있는 '감사'다. 그의 90세 생일에 니혼게이자이신문의 산업전문기자가 "회장님의 성공의 비결은 무엇입니까?"라고 물었을 때 마쓰시다는 조금의 망설임도 없이 이렇게 대답했다.

"나는 세 가지 하늘의 은혜를 입고 태어났습니다. 첫째, 집이 너무 가난했기 때문에 어릴 때부터 구두닦이, 신문팔이를 하며 고생을 하는 통에 부지런히 일하지 않고는 잘 살 수 없다는 것을 깨달았고, 세상을 살아가는

데 필요한 경험을 많이 쌓았습니다. 둘째, 태어났을 때부터 몸이 허약해 건강의 소중함을 일찍 깨달아 항상 운동에 힘썼기 때문에, 지금 90이 되어서도 냉수마찰을 하며 건강하게 지내게 되었습니다. 셋째, 초등학교도 제대로 못 다녔기 때문에 세상의 모든 사람을 다 스승으로 여기고 누구에게나 물어가며 배우는 일에 열심을 다했습니다. 나는 이 세 가지를 하늘이 나에게 준 은총이라고 생각하고 항상 감사하며 살아 왔습니다. 그것이 성공의 비결이었습니다."

불행한 환경에도 감사했더니 위대한 경영인이 되었다는 것이 그가 밝힌 성공의 비결이다.

미국의 백화점 왕인 J. C. 페니 역시 성공의 비결을 감사라고 밝혔다. 그는 젊은 날 아내가 죽어 혼자 남게 되었고 거기다 경제대공황의 여파로 주식에 투자했던 전재산을 잃었다. 무일푼이 된 그는 극심한 우울증에 걸려 병원에 입원했는데 병원비마저 없었다. 비참한 처지에 자살까지 생각했던 그는 하나님께 감사하는 마음으로 다시 한 번 일어서보기로 결심했다. 그리고 처음부터 다시 시작한다는 마음으로 피땀 어린 노력을 한 결과, 현재 미국과 남미에 1,000여개의 백화점과 수백 개의 약국 체인점을 가진 큰 기업을 다시 세울 수 있었다. 기자들이 그에게 성공의 비결을 묻자, 그는 그가 당했던 모든 일, 심지어 불행일지라도 감사하는 것이 비결이었다고 대답했다.

우리 주위에도 감사로 인생이 바뀌고 운명이 바뀐 사람들을 많이 볼 수 있다. 그것은 하나님께서는 감사하는 사람을 기뻐하시고 축복하시기 때문이다. 감사는 축복의 길잡이요, 축복의 마르지 않는 샘이다. 현재 나의 모습, 환경, 처지가 어떻든 간에 하나님이 주신 모든 것을 기쁨으로 받아들이고 무조건적으로 감사하자. 작은 것에도 감사하고 당연한 것에도 감사할 때 삶이 놀랍게 변화되고 바뀌는 것을 경험하게 될 것이다.

"비록 무화과나무가 무성하지 못하며 포도나무에 열매가 없으며 감람나무에 소출이 없으며 밭에 먹을 것이 없으며 우리에 양이 없으며 외양간에 소가 없을지라도 나는 여호와로 말미암아 즐거워하며 나의 구원의 하나님으로 말미암아 기뻐하리로다"(하박국 3:17,18).

내가 가지고 싶었으나 가지고 있지 못한 것에 대해서 주님께 감사하십시오.

감사 안경

서양 동화 중에 '핑크대왕 퍼시 (Perch the Pink')라는 재미있는 작품 이 있다. 핑크색을 광적으로 좋아해서
핑크대왕이라는 별명이 붙은 퍼시는 자신의 옷뿐만 아 니라 모든 소유물을 핑크색으로 칠했다, 심지어 매일 먹 는 음식까지도 핑크 일색이었다. 왕궁의 모든 것이 핑크 였지만 그는 만족할 수 없었다. 왕궁밖에는 핑크가 아 닌 다른 색들이 수없이 존재하고 있었기 때문이다. 고민 끝에 왕은 백성들의 모든 소유물의 색은 반드시 핑크여 야 한다는 법을 제정했다.

왕의 일방적인 명령에 불평하는 사람들이 많았지만 법을 어길 수는 없었기에 백성들은 옷과 그릇, 가구 등 을 모두 핑크색으로 바꾸었다. 이제 온 성안이 핑크였지 만 여전히 왕은 만족할 수 없었다. 성 밖의 세상에는 아 직도 핑크가 아닌 것들이 존재하고 있었기 때문이다. 그 래서 이번에는 나라의 모든 나무와 풀과 꽃, 동물들까지도 핑크색으로 칠하도록 명령했다. 대규모의 군대가 동원되어 산과 들로 다니면서 모든 사물을 핑크색으로 칠했고, 심지어 갓 태어난 동물들까지 발견되는 즉시 핑크색으로 칠했다. 드디어 세상의 모든 것이 핑크로 변한 듯 보였다. 그러나 여전히 왕이 핑크로 바꾸지 못한 곳이 있었으니 그건 바로 하늘이었다. 며칠을 전전긍긍했지만 뾰족한 수가 떠오르지 않자, 왕은 마지막 방법으로 자신의 스승에게 묘책을 찾아내도록 명령했다. 밤낮으로 고심하던 스승은 마침내 하늘을 핑크색으로 바꿀 묘책을 찾아냈고, 즉시 왕에게 가서 알렸다.

스승은 왕에게 안경을 주며 "이것을 끼면 하늘이 핑크색으로 분명히 변한다"고 말했다. 대왕은 스승의 말에 따라 안경을 끼고 하늘을 올려다봤다. 그런데 이게 어찌된 일인가? 구름과 하늘이 온통 핑크색으로 변해 있는 것이 아닌가. 스승이 한 일이라곤 핑크색 렌즈를 끼운 안경을 만든 것뿐이었다. 하늘을 핑크로 바꾸는 것은 불가능한 일이었지만, 하늘을 핑크색으로 보이게 할 방법은 찾아냈던 것이다. 핑크대왕은 크게 기뻐하며 그날 이후 매일 핑크 안경을 끼고 세상을 바라보면서 행복한 나날을 보냈다. 백성들은 더 이상 핑크색 옷을 입지 않아도 되었고, 동물들도 핑크색으로 털을 염색할 필요가 없었다. 핑크 안경을 낀 대왕의 눈에는 언제나 세상이 온통 핑크로 보였기 때문이다.

우리가 처한 환경을 바꾸려고 아무리 노력해봤자 그것은 끝이 없는 불가능한 일이다. 설령 한두 가지를 바꾸는데 성공했다 해도 결코 만족은 없다. 현명한 사람은 처한 환경보다 환경을 대하는 생각을 바꾼다. 환경보다 중요한 것은 그것을 바라보는 관점이기 때문이다. 그래서 하나님은 인간에게 생각할 힘을 주셨다.

불평의 안경을 끼고 바라보면 모든 게 불평거리로 보인다. 그러나 감사 안경을 끼고 본다면 세상의 모든 게 감사할 일밖에는 없다. 감사는 많은 것을 소유하거나, 좋은 외모를 가졌거나, 지식이나 권세를 가졌다고 나오는 것이 아니다. 하나님을 모른 채 많이 가지기만 한 사람들은 오히려 불평하고 교만하기 쉽다. 감사는 천하보다 귀한 인간으로 태어나게 해주신 분이 하나님이라는 것을 깨닫는 것, 그리고 빈손으로 이 땅에 왔다 결국 빈손으로 하늘나라에 가게 된다는 사실을 깨달은 겸손한 마음을 가진 사람이 할 수 있는 것이다(욥 1:21).

이런 사실을 깨달은 사람들은 무엇이든지 감사함으로 세상을 바라보게 된다. 감사 안경을 쓴 것이다. 범사에 감사하라는 성경 말씀은 이런 마음가짐을 통해 실천할 수 있다. 살면서 얼마나 많은 감사를 했는지, 혹은 얼마나 많은 불평을 했는지 먼저 돌아보자. 감사의 안경을 쓰고 하나님께 넘치는 감사를 드리는 그리스도인들이 더욱 많아졌으면 좋겠다.

"여호와가 우리 하나님이신 줄 너희는 알지어다 그는 우리를 지으신 이요 우리는 그의 것이니 그의 백성이요 그의 기르시는 양이로다 감사함으로 그의 문에 들어가며 찬송함으로 그의 궁정에 들어가서 그에게 감사하며 그의 이름을 송축할지어다"(시편 100:3,4)."

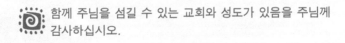 함께 주님을 섬길 수 있는 교회와 성도가 있음을 주님께 감사하십시오.

03

청교도들의 7가지 감사

1620년 12월 11일, 매서운 겨울 미동북부 해안인 풀리머스에 종교의 자유를 찾아 영국을 떠나온 청교도들을 태운 메이플라워호가 도착했다. 숱한 죽을 고비를 넘기며 겨우 파선을 면한 상태로 도착했음에도 그들은 내리자마자 하나님께 일곱 가지 감사를 드렸다.

첫째, 180톤 밖에 안 되는 작은 배이지만 그 배라도 주신 하나님께 감사했다.

둘째, 걷는 속도보다도 느린 평균 시속 3km 정도의 항해였으나 그래도 멈추지 않고 65일간 계속 전진할 수 있었음에 감사했다.

셋째, 항해 중 두 사람이 죽었으나 한 아이가 태어났음에 감사했다.

넷째, 폭풍으로 배의 큰 돛이 부러졌으나 파선되지 않았음을 하나님께 감사했다.

다섯째, 여자들 몇이 파도 속에 휩쓸려갔으나 모두

구출되었음에 감사했다.

여섯째, 인디언들의 방해로 상륙지를 찾지 못해 바다에서 표류했지만 호의적인 원주민의 도움으로 육지에 상륙하게 된 것을 하나님께 감사했다.

일곱째, 고통스러운 항해였음에도 단 한명도 돌아가자는 사람이 없었음에 감사했다.

청교도들의 이러한 감사는 세상이 막을 수 없는 전천후 감사였다. 좋을 때만 감사한다면 이것은 진정한 감사가 아니다. 건강하고 성공하고 일이 잘 될 때 하는 감사는 누구라도 할 수 있다. 그러나 고난과 실패 가운데서도 감사하는 것은 보통 사람은 할 수 없다. 특별한 믿음, 여전히 하나님의 인도 가운데 있다는 성숙한 신앙이 아니면 역경의 상황에서 감사하기란 거의 불가능하다.

청교도들은 극한 고난 속에서도 하나님을 향한 감사를 잃지 않았다. '작은 배지만', '느린 항해였지만', '죽었지만', '부러졌지만', '휩쓸렸지만', '표류했지만', '고통스러웠지만' 청교도들은 하나님께 감사하였다. 그들이 처한 상황과 드린 감사를 생각할 때 그들보다 훨씬 나은 환경에 살고있는 우리들은 불평할 것이 없으며 감사할 거리가 더욱 넘친다. 비록 우리가 당시 청교도들의 상황처럼 힘들고 어려운 상황에서 실패를 경험하고 있다 하더라도, 여전히 감사해야 할 이유가 있다. 죽은 자는 고난과 시련을 겪지 않기에 단지 살아 있다는 사실 한 가지만으로도 감사의 이유는 충분하다.

많은 사람들에게 진정한 감사의 조건에 대해 일깨워 준 '항상 감사하기'라는 제목의 짧은 글이 있다.

"10대의 자녀가 반항을 해 고민이라면 그건 아이가 거리에서 방황하지 않고 집에 있다는 것이고, 지불해야 할 세금이 문제라면 그건 나에게 직장과 재산이 있다는 것이고, 파티를 하고나서 치워야 할 게 많아 걱정이라면 그건 친구들과 즐거운 시간을 보냈다는 것이고, 깎아야 될 잔디, 닦아야 될 유리, 고쳐야 할 하수구가 있어 손 쓰기가 힘들다면 그건 나의 집이 있다는 것이고, 난방비가 너무 많이 나왔다면 그건 내가 따뜻하게 살고 있다는 것이고, 교회에서 뒷자리 아줌마의 제멋대로 찬송이 거슬린다면 그건 내가 들을 귀가 있다는 것이고, 온몸이 피곤하고 뻐근하다면 그건 내가 열심히 일을 할 몸이 있다는 증거이고, 이른 새벽 잘못 맞춰진 시끄러운 알람에 깼다면 그건 내가 살아있다는 것이다. 그러므로 한 가지 불평한 일에는 반드시 한 가지 이상의 감사한 일들이 있음을 우리는 알아야 한다."

불평을 할 일도 조금만 생각을 바꾸면 감사의 제목이 된다. 하나님께서 범사에 감사하라고 말씀하신 것은 우리가 충분히 그렇게 살 수 있기 때문이다. 그리스도인들이란 모든 것이 합력하여 선을 이루시는 하나님의 섭리 속에서 살아가는 사람들이다. 고난과 실패가 세상의 시선으로 볼 때는 절망처럼 보이지만, 믿음의 시선으로 바라볼 때는 오히려 은혜이며 축복일 때가 많다. 그러므로 기쁠 때나 곤고할 때나, 일희일비하지 말고 늘 우리의 삶을 주관하고 인도하시는 하나님을 바라보면서 감사함으로 살아가는 성숙한 성도가 되어야 한다.

"우리가 알거니와 하나님을 사랑하는 자 곧 그의 뜻대로 부르심을 입은 자들에게는 모든 것이 합력하여 선을 이루느니라"(로마서 8:28).

 감사하기 어려운 일에도 청교도들을 생각하며 주님께 감사하십시오.

04

감사하는 인생

오래 전 미국 캘리포니아 주에 사는 한 가정주부가 남편을 팔겠다고 신문에 광고를 냈다. 이유는 그녀의 남편이 가정은 돌보지 않고, 주말마다 사냥이나 골프를 하러 다니기 때문이었다. 어차피 남편이 있어도 쓸모가 없으니 아예 팔아버리는 것이 낫겠다는 생각이었다.

광고의 내용은 이렇다.

「남편을 염가로 양도함. 골프채와 사냥도구, 그리고 개 한 마리를 덤으로 줌」

이 광고를 보고 60여 통의 연락이 왔는데, 대부분 구입과는 관련이 없고 아내를 훈계하는 사람들이었다.

"남편이 살아있는 것만으로도 감사하라.", "그래도 바람은 안피지 않느냐?", "남편이 죽거나 헤어지면 그래도 힘드니 정신차려라" 등의 충고였다. 아내의 입장에서만 보면 남편이 힘들게 하고 맘에 안 드는 부분이 있을 수 있다. 남편의 경우도 마찬가지다. 그래도 감사함으로 남편에게, 또 아내에게 최선을 한 번 다해보라. 상대방이 변하기 전에 자신의 삶의 태도가 먼저 변하는 것이 느껴질 것이고, 곧 그 모습을 보고 상대방도 변하게 되는 것이 느껴질 것이다. 이처럼 감사는 사람을 변화시키고 건강과 행복을 가져다주는 인생 최고의 특효약임을 잊지 말아야 한다.

전 남아프리카 공화국 대통령 넬슨 만델라는 세계 정상을 지냈던 사람들 가운데 감옥에서 가장 오랜 시간을 갇혀있었던 사람이다. 무려 27년간 감옥생활을 했다. 만델라가 출옥할 때 사람들은 그가 아주 허약한 상태로 나올 것으로 생각했다. 그런데 나이가 70세가 넘었음에도, 아주 건강하고 씩씩한 모습으로 걸어 나왔다. 취재를 나온 한 기자가 물었다.

"다른 사람들은 5년만 감옥살이를 해도 건강을 잃어서 나오는데, 어떻게 27년 동안 감옥살이를 하고서도 이렇게 건강할 수 있습니까?"

만델라가 대답했다.

"나는 감옥에서 하나님께 늘 감사했습니다. 하늘을 보고 감사하고, 땅을 보고 감사하고, 물을 마시며 감사하고, 음식을 먹으며 감사하고, 강제노동을 할 때도 감사했습니다. 늘 감사했기 때문에 이렇게 건강을 지킬 수 있었습니다."

그 후 만델라는 1993년 노벨 평화상을 받았고, 이듬해 대통령에 당선 되었다. 감사가 일궈 낸 기적이라고 할 수 있다.

감사로 성공한 또 한 사람을 들자면 오프라 윈프리다. 25년 동안 진행하다 2012년 5월25일에 막을 내린 '오프라 윈프리 쇼'는 전 세계 시청자들의 큰 사랑을 받았던 프로그램이다. 그녀는 가난한 미혼모의 사생아로 태어나 할머니 손에서 자라났는데 거의 매일같이 학대를 당했다. 9살에 사촌오빠에게 성폭행을 당하고, 14세에 미혼모가 되었다. 그 후 마약과 자살충동으로 하루하루를 지옥과 같이 살았는데 그 당시 삶을 거의 포기하다 보니 체중이 100kg이 넘었다. 그런 절망적 상황 속에서 그를 일으켜 세워 오늘의 오프라 윈프리를 만든 기적과 같은 물건이 있었는데 바로 '감사일기장'이었다. 그녀는 하루도 거르지 않고 '감사 일기'를 적었다.

하루 동안 일어났던 일 가운데 다섯 가지 감사 제목을 찾아 잠들기 전에 적는 것이 전부였다. 처음 그녀가 적었던 감사의 내용은 거창한 것이 아닌 아주 작은 일상이었다. 예를 들어, 아침에 잠자리에서 일어날 수 있게 해 주신 것, 맑은 하늘을 주신 것, 점심 때 맛있는 스파게티를 먹게 하신 것, 동료에게 화내지 않고 참은 것 등이다. 젊은 시절부터 실천해 온 이런 감사의 삶이 조금씩 그녀 삶의 궤도를 바꾸기 시작했고 결국은 그녀의 인생을 성공을 향해 이끌었다. 만델라나 오프라 윈프리를 보더라도 최악의 상황에서 감사가 어떤 변화를 일으키는지, 인생에서 감사가 성공과 행복의 비결인 이유가 무엇인지를 볼 수 있다. 우리에게 감사가 부족한 것은 너무 많은 것이 주어져 부족한 것을 모르거나 더 가진 남과 비교하기 때문이다. 지금 나에게 있는 것, 오늘 나에게 주어진 일들에 감사하고 소소한 것에도 감사하자. 그런 감사 속에 행복이 깃들고, 하나님의 축복이 임하게 된다. 우리가 가진 모든 것과 경험하는 일들은 다 하나님으로부터 온 것이기 때문이다.

"감사로 제사를 드리는 자가 나를 영화롭게 하나니 그의 행위를 옳게 하는 자에게 내가 하나님의 구원을 보이리라"(시편 50:23)."

 오늘 하루 있었던 소소한 일에도 주님께 감사하십시오.

05

그래도 감사해야 한다

어느 의사가 이런 글을 썼다.

"왜 사람들은 당연한 사실에 대해서는 감사하지 않을까? 손이 둘이고 다리가 둘이어서 가고 싶은 곳 어디든 발로 갈 수 있고 손으로 무엇이든 잡을 수 있는 것이 감사한 일 아닌가. 또, 소리가 들리고 목소리가 나온다는 것보다 더 큰 행복이 어디 있을까. 그런데 아무도 당연한 사실들에는 감사하지 않는다. 그리고 당연한 일들을 하지 못하게 되었을 때 그 당연한 것이야말로 얼마나 놀라운 축복이었는지 깨닫는다."

인간은 특별한 것이 주어졌을 때에만 감사한다. 그러나 그 특별함도 곧 평범한 것이 되고 만다. 내가 누리고 있는 많은 평범함이 얼마나 감사한 일인가는 그것을 잃었을 때야 인간은 비로소 깨닫는다.

얼마 전 기독교잡지에서 2007년 아프카니스탄에서 42일 동안 피랍되었다가 구출된 샘물교회 봉사대원들의 인터뷰 글을 읽었다. 생사의 갈림길에서 매일 겪어야만 했던 죽음에 대한 두려움과 육체적인 고통 속에서, 한 달 이상 같은 옷을 입고 토굴에 갇혀 씻지도 못하고 화장실도 잘 못 가고, 감자 하나를 8조각으로 잘라 먹으며 벼룩과 벌레로 인한 어려움에 대한 이야기가 있었다. 그런데 그런 것도 고통이었지만 가장 큰 고통은 마음껏 찬송과 예배를 드리지 못한 것이라고 했다.

풀려난 후, 마음껏 찬양하고 예배하는 일이 얼마나 감사한 일인지, 먹고 마시는 것이 또 얼마나 귀한 일인지, 전기 스위치 하나를 켜는 사소한 것 하나에도 감사의 마음을 갖게 되었다고 한다. 요즘도 '하나님! 맛있는 밥을 주셔서 감사합니다.' 라고 진심으로 기도를 드리며, 밥을 먹다가 울컥할 때가 있다고 한다. 철이 없을 때는 부모님이 자녀들을 사랑하는 것이 당연하다고 생각하지만 철이 들면 당연한 것이 아니라 부모님이 아니면 할 수 없는 감사할 희생이었음을 깨닫는다.

믿음도 이와 마찬가지라는 생각이 든다. 우리가 이 세상에 태어난 것부터 시작해, 하나님의 자녀가 되어 하루하루 살아가는 게 얼마나 감사한 것인가를 믿음이 성숙할수록 알게 된다. 욥의 고백처럼 우리는 이 땅에 올 때 아무 것도 가지고 온 것이 없다(욥 1:21, 딤전 6:7). 그런제 지금은 얼마나 많은 것들을 소유하고 또 누리고 있는가? 나의 모든 것이 하나님의 것이다. 그러기에 만사가 형통할 때도 감사해야 하고, 역경 중에도 감사해야 한다.

'사랑의 원자탄' 손양원 목사님은 일제의 신사참배에 반대하여 5년 동안 옥중에서 고생을 하고, 나환자를 위해 일생을 바치다가 공산군에 의해 순교당하였다. 그러나 생전의 손 목사님이 쓰신 서신을 보면 '감사의 원자탄'이라고 불려도 손색이 없을 것 같다. 감옥에서 보낸 목사님의 서신들을 보면 감사의 고백이 절절하지 않은 구절이 없다. 손 목사님이 감옥에서 병든 아내인 정양순 여사에게 보낸 편지를 하나 소개해 본다(1943년 8월18일).

"동인 어머니에게! 병고 중에서 얼마나 신음합니까? 이 같은 염천에 고열도 심하고, 게다가 병고까지 있으니 설상가상이겠구려. 그러나 믿음과 진리는 기후와 환경을 초월하니, 안심하소서. 꽃이 피고 새가 우는 시절뿐만 아니라 백설이 분분한 엄동혹한 중에도 하나님의 사랑은 여전하오. 금전옥루에서 잘 먹고 잘 살 때만 하나님을 찬미할 뿐 아니라, 초가삼간에서 못 먹고 병들었을 때도 하나님을 찬양해야 하오. 항상 기뻐하고 범사에 감사하소서."

'그래도 감사해야 한다.'는 믿음이 문장마다 구구절절 묻어있는 것을 볼 수 있다. 참된 신앙은 역경 중에서도 감사한다. 설령 부와 명예와 권세와 건강을 포함해 세상의 모든 것을 다 잃어도 감사한다. 세상 것은 모두 잃어버렸을지 몰라도 가장 귀한 분이 곁에 계신 것을 알기 때문이다. 천지만물을 창조하시고 주관하신 주님께서는 택한 자녀들의 곁을 떠나지 않고 영원히 계신다는 것, 그리고 천국으로 인도해주신 다는 것은 어떤 상황에도 결코 변하지 않는 진리이자 사실이다(딤후 4장). 그래서 우리는 어떤 역경 속에서도 하나님께 감사해야 하며 또 감사할 수 있다.

"우리가 세상에 아무 것도 가지고 온 것이 없으매 또한 아무 것도 가지고 가지 못하리니 우리가 먹을 것과 입을 것이 있은즉 족한 줄로 알 것이니라"(디모데전서 6:7,8).

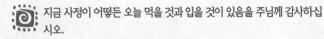 지금 사정이 어떻든 오늘 먹을 것과 입을 것이 있음을 주님께 감사하십시오.

100만 번 감사

　　캘리포니아데이비스대학교 심리학과 교수인 로버트 에먼스와 마이클 매컬로프는 감사하는 태도가 사람에게 어떤 영향을 미치는가에 대해 흥미로운 실험을 했다. 이들은 실험 그룹을 세 그룹으로 나눠 앞으로 일주일 동안 일어나는 일들 중 첫 번째 그룹은 기분 나쁜 일, 둘째는 감사할 일, 셋째는 일상적인 말과 일에 집중하게 했다. 1주일간의 짧은 실험이었지만, 세 그룹 중 감사한 그룹의 삶의 만족도가 매우 높아졌으며 행복도 역시 같은 결과를 보였다.

　　그 뒤 두 교수는 실험 이후에도 감사할 일에 집중하는 사람들을 대상으로 1년간 심리 조사를 하였다. 그 결과 감사에 집중한 사람들의 삶의 태도가 긍정적으로 바뀐 것을 확인하였다. 그들은 스트레스도 적게 받고, 어려운 일을 만나도 쉽게 극복하였다.

우리나라에서도 번역 출간 돼 10만부 이상이 팔린 '감사의 힘'의 저자인 데브라 노블은 정신적, 육체적 어려움을 딛고 크게 성공한 사람들을 취재하는 일을 했었다. 그때 그들의 공통점을 발견했는데 그것은 "감사합니다."라는 말을 많이 한다는 것이었다. 그에 따르면 감사하는 삶을 사는 사람들은 병에 대한 면역력도 높고, 같은 스트레스의 상황에서 질병의 위험을 쉽게 벗어났으며, 보통 사람들보다 평균 10년 이상 오래 살았다고 한다.

일본의 유명한 제과회사인 다케다 제과의 다케다 회장은 과자에도 감사라는 재료를 넣는 것으로 유명하다. 다케다 제과의 대표적인 과자는 '다마고 보로'라는 계란과자인데, 일본 내 시장 점유율이 60%가 넘는다. 뛰어난 품질과 맛으로 타 경쟁사의 제품들을 압도하고 있는데, 다케다 회장은 제품을 만드는데 있어 가장 중요한 것은 감사하는 마음에 있다고 생각한다. 다른 경쟁사는 과자를 만들 때 보다 많은 이익을 위해 싸구려 계란을 사용하지만 다케다 제과는 일반 무정란보다 3배나 비싼 북해도산 토종닭의 유정란을 사용한다.

전문가들은 일반인들이 맛을 구분할 수 없기 때문에 돈 낭비라고 말했지만 그는 고객들에게 감사의 마음을 담아 최고의 재료를 사용해야 한다고 생각했다. 또 그는 과자를 만들 때 직원들에게 과자를 향해 "감사합니다."라고 외치게 한다. 제품 속에 직원들의 행복한 마음과 정성을 집어넣기 위해 그런 것이다. 직원들은 하루에 3천 번씩 "감사합니다."라는 말을 외치는데, 대략 40분이 걸린다. 이렇게 감사하다는 말을 연속 하다보면 웃는 얼굴이 되고 행복해져서, 일의 능률이 오르고 제품 하나하나에 직원들의 혼이 담겨 맛좋은 과자가 탄생한다.

다케다 회장은 거기에 더해 공장에 "감사합니다."라고 녹음한 테이프를 생산 시간 내내 틀어놓는다. 하나의 과자가 출하될 때까지 100만 번 "감사합니다."란 말을 듣게 되는데 전혀 효과가 없을 것이라는 전문가의 생각과는 달리 다케다 제과의 시장 점유율은 여전히 공고하다.

"감사합니다."라는 단순한 말은 과자의 운명도 변화시킨다. 우리의 삶도 100만 번만 감사하게 되면 인생이 변화된다. 사업이 성공하고, 가정이 행복해지고, 직장생활과 인간관계가 풍성해진다. 불행한 환경과 끝이 보이지 않을 정도로 암울한 현실이더라도 원망하지 말고, 인생의 주관자인 하나님께, 또 주변의 고마운 사람들에게 100만 번만 감사해보라. 실패가 성공으로, 질병이 건강으로, 슬픔이 기쁨으로 바뀔 것이다.

"그리스도의 말씀이 너희 속에 풍성히 거하여 모든 지혜로 피차 가르치며 권면하고 시와 찬송과 신령한 노래를 부르며 감사하는 마음으로 하나님을 찬양하고 또 무엇을 하든지 말에나 일에나 다 주 예수의 이름으로 하고 그를 힘입어 하나님 아버지께 감사하라"(골로새서 3:16,17).

 지금 마음에 떠오르는 말씀과 찬양을 붙잡고 주님께 감사하십시오.

07

감사의 하루

　　박노해 시인의 '감동을 위하여'라는 시에 보면 이런 내용이 나온다.

「오늘도 어김없이 아침 해가 떠오릅니다
오늘 떠오르는 해는 오늘의 해입니다
이 세상에 같은 것은 두 번 되풀이 되지 않습니다
매일매일은 전적으로 새로운 창조물입니다
. . .
살아 있는 하루하루가 얼마나 고요한 기쁨인지
얼마나 큰 감사와 은총인지 모릅니다
하루하루가 감동입니다」

　　우리는 아침에 눈을 뜸과 동시에 하루를 별 생각 없이, 아무런 감동없이 맞이할 때가 많다. 어제와 같은, 그리고 내일도 맞을 똑같은 일상이라고 생각하기 때문이다. 그러나 매일 맞이하는 이 아침은 전혀 새로운 오늘만의 아침이라는 것을 기억해야 한다. 그것을 모르는 사람들은 오늘 내게 주어진 이 하루가 얼마나 소중한지를 모르기에 감사로 시작할 수 없고, 감동의 마음으로 아침을 맞이할 수 없다. 하루의 아침은 새로운 생명의 시작을 알려주는 감동적인 순간이다.

얼마 전에 '내게는 한쪽 다리가 있다' 라는 책을 감동적으로 읽었다. 9살짜리 주대관이라는 어린이가 세상을 떠나면서 남긴 글과 그림을 모은 것인데, 많은 것을 생각나게 했다. 주대관 어린이는 1987년 대만 대북시에서 태어나 만 아홉 살에 소아암으로 짧은 생을 마쳤다. 8살에 암이 발병하여 죽을 때까지 암과 치열한 전쟁을 벌였는데, 어린아이의 몸으로 감당하기 어려운 여섯 번의 화학치료, 서른 번의 방사선 치료, 세 번의 대수술을 받았다. 죽기 4달 전에는 오른쪽 다리까지 절단했다. 그러나 그런 상황에서도 오히려 슬퍼하는 부모님을 위로하기까지 했다.

'내게는 한쪽 다리가 있다' 라는 시는 바로 한쪽 다리를 잃고 나서 지은 시이다.

「베토벤은 두 귀가 다 멀었고

두 눈이 다 먼 사람도 있어

그래도 나는 한쪽 다리가 있잖아
난 지구 위에 우뚝 설 거야

헬렌 켈러는 두 눈이 다 멀었고
두 다리를 다 못 쓰는 사람도 있어
그래도 나는 한쪽 다리가 있잖아
난 아름다운 세상을 다 다닐 거야」

얼마나 감동적인가? 세상의 많은 사람들이 건강한 몸을 가지고 있음에도 불평하며 살고 있다. 조금만 고통스러운 일을 당해도 세상을 원망하고 하나님을 원망하고 쉽게 절망에 빠진다. 또 비교의식을 가지고 왜 세상이 이렇게 불공평하냐며 불평으로 하루하루를 보내기도 한다. 물론 세상적인 시각으로만 보면 자기에게 주어진 열악한 조건과 환경들이 불공평하게 보일 수가 있다. 그런데 신기한 것은 위로부터 오는 은혜를 받게 되면 불공평하게 보이는 그 속에서도 하나님의 공평하심을 느끼고 감사하게 된다는 것이다.

정말로 은혜 받고 주님의 십자가 사랑을 체험하게 되

면 외적인 환경이나 조건이 남보다 못하더라도 감사하게 된다. 감사의 눈이 열리게 되면 삶의 모든 자락은 감사의 이유가 된다.

내게 베풀어주신 하나님의 은혜, 나를 아는 모든 사람들과 나를 둘러싼 모든 환경이 감사의 샘터로 다가오게 된다. 그렇게 감사가 쌓여 나갈 때 은혜와 믿음의 깊이가 더해지고 삶은 더욱 풍요로워진다. 혹 불평의 마음이 있다면 훌훌 털어버리고, 오늘부터 하루를 감사로 시작해 보자. 매일 감사의 결심을 하며 살아감으로 인생에 감사의 습관을 들여보자.

"다니엘이 이 조서에 왕의 도장이 찍힌 것을 알고도 자기 집에 돌아가서는 윗방에 올라가 예루살렘으로 향한 창문을 열고 전에 하던 대로 하루 세 번씩 무릎을 꿇고 기도하며 그의 하나님께 감사 하였더라"(다니엘 6:10).

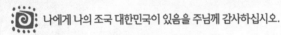 나에게 나의 조국 대한민국이 있음을 주님께 감사하십시오.

08

감사의 관점

국립국어연구원에서 발간한 〈표준국어대사전〉에는 50만 단어가 실려 있는데, 그 중에서 가장 아름다운 우리말은 '감사'라고 생각한다. 만약에 감사라는 말이 없었다면 이 세상이 어땠을까? 서로 자기만 아는 이기적인 세상, 요구만 하고 답례는 없는 생각만 해도 끔찍한 세상이었을 것 같다. 물론 지금도 차갑고 냉정한 사회지만, 아마 '감사'라는 말이 없었다면 더욱 무정(無情)하고 무서운 이기적인 세상이 되었을 것이라 생각한다.

세계 각국의 '감사합니다'라는 말, 몇 가지를 소개해 보면 다음과 같다.

'땡큐(영어), 시에시에(중국어), 아리가도우 고자이마수(일본어), 그랏찌에(이탈리아어), 메르씨(프랑스어), 당케(독일어), 깜온(베트남어), 탁(스웨덴어, 덴마크어), 그라시아스(라틴어), 스빠씨바(러시아어), 블라고다랴(불가리아어)'

그리고 성경에 나오는 '감사합니다'라는 단어는 히브리어로는 '토다'이고, 헬라어로는 '유카리스테오'다. '토다'라는 말의 뜻은 '손을 들어 하나님을 찬양한다.'라는 뜻인데 이것은 감사란 하나님을 떠나서 생각할 수가 없음을 보여주는 말로써, 그리스도인이 가져야 할 감사의 관점에 대해서 말해준다. 관점이란 무엇을 생각하는 기준이다. 그리스도인의 감사의 관점은 응당 하나님이 되어야한다.

우리에게 감사의 기준을 제시해 주는 중요한 성경구절이 있다.

"이르되 내가 모태에서 알몸으로 나왔사온즉 또한 알몸이 그리로 돌아가올지라 주신 이도 여호와시요 거두신 이도 여호와시오니 여호와의 이름이 찬송을 받으실지니이다"(욥기 1:21)

"우리가 세상에 아무 것도 가지고 온 것이 없으매 또한 아무 것도 가지고 가지 못하리니"(디모데전서 6:7)

이 말씀들처럼 감사의 관점은 내 것은 아무 것도 없고, 모든 것은 하나님께서 주신 것이라는 하나님 중심의 시각에 있다. 몸과 지식과 재능과 재물이 다 하나님의 것이라고 생각한다면 우리는 당연히 감사할 수밖에 없다. 세상에 당연한 것이 하나도 없기 때문이다.

'하나님이 주신 것'이라는 감사의 관점이 자리 잡을 때 사람들은 어떠한 상황과 조건에서도 감사할 수 있다.

유명한 작곡가인 웬델 러블리스의 책에 나오는 내용이다. 그는 16년 동안 전신마비로 침대에 누워 있는 64세의 할머니를 만났는데, 웬델은 그 할머니가 자기가 지금까지 만난 사람 중에 최고로 감사의 삶을 살아가는 사람이라고 말했다.

자신의 처지에 대해 하나님께 원망과 불평을 할 수도 있었을 텐데, 그 할머니는 자신의 엄지손가락을 움직일 수 있는 것에 대해 감사했다. 할머니는 유일하게 움직이는 엄지손가락에 끝이 두 갈래로 갈라진 막대기를 끼워서 차도 마시고, 안경도 끼고, 음식도 먹고, 성경도 읽었다. 그 할머니의 감사의 관점은 모든 것의 주인이 하나님임을 믿는 데 있었다. 그러했기에 손가락 하나밖에 움직일 수 없었지만 내가 살아있고, 구원받은 것이 너무도 감사했던 것이다.

그 할머니는 예수님을 믿고 죄가 사해졌으니 편안한

마음으로 누워 있을 수 있어 감사하고, 임마누엘의 하나님께서 늘 자기 곁에서 지켜주시니 감사하다고 했다. 웬만해서는 감사를 잊고 사는 오늘 날의 그리스도인들에게 많은 것을 생각나게 해 주는 내용이다.

스페인 속담 중에 "감사를 하루에 100번 이상 하지 않는 사람은 저녁밥을 먹지 말라."는 말이 있다. 하나님의 관점에서 주위를 바라본다면 모든 것이 감사의 조건이요, 감사의 대상들이다. 우리가 나에게서 하나님으로 감사의 관점만 바꾼다면 하루에 백번 아니라 천 번, 만번 감사할 수 있으며, 모든 것이 감사할 따름이다.

"이르되 내가 모태에서 알몸으로 나왔사온즉 또한 알몸이 그리로 돌아가올지라 주신 이도 여호와시요 거두신 이도 여호와시오니 여호와의 이름이 찬송을 받으실지니이다 하고"(욥 1:21).

내게 일어난 좋고 나쁜 일을 주님이 주신 은혜로 믿고 주님께 감사하십시오.

09

어느 구필화가의 감사

김준호라는 유명한 구필화가가 있다. 구필화가란 손을 사용하지 못하는 장애인이 입을 사용해 그리는 것을 말한다. 그는 인하공대 건축과 2학년을 마치고 기술병으로 군에 입대했다.

군복무 19개월이 되던 10월 어느 날, 탱크 위에서 작업을 하다 미끄러져서 거꾸로 땅에 떨어져 목을 다쳐 전신마비 환자가 되었다. 식사는 물론 일거수일투족을 다른 사람의 도움을 받아야만 했다. 그는 그렇게 20대의 젊은 나이에 비참한 상황에 처하게 되어 매일을 절망과 슬픔으로 지냈다. 너무 오래 누워있다 보니 욕창으로 살이 썩어 피부이식 수술을 받았는데 마취를 하지 않아도 아무런 아픔도 느끼지 못했다. 목 아래부터 발가락 끝까지 전혀 감각이 없었기 때문이다. 그래서 삶을 비관해 자살하려고 했는데, 손발 하나 움직일 수 없기에 그것도 불가능했다.

그러던 어느 날 휠체어를 탄 장애인 여전도사로부터

복음을 듣게 되었다. 그 전도사님은 예수님께서 구세주가 되시니까 그분께 모든 짐을 내려놓고 평안을 얻으라고 하면서 눈물로 기도를 해주었다. 그때부터 그는 예수님을 영접하고 신앙생활을 하게 되었다. 그리고 예수님을 믿고난 순간부터 마음속에 형언할 수 없는 평안의 빛, 생명의 빛이 비춰오기 시작하면서 탄식과 눈물이 기쁨과 웃음으로 바뀌었다.

그렇게 하나님의 은혜로 치료를 받던 병원에서 실습생이었던 아내를 만나 결혼까지 하게 되었다.

그 후, 입으로 그림을 그리는 비전을 갖게 되었다. 입에 붓을 물고 그림을 그리자니 입술이 부르터서 몇 번이나 좌절하고 포기하려 했지만 아내의 격려와 설득으로 다시 붓을 물게 되었고 각고의 노력 끝에 보통의 화가들이 감탄할 만큼 뛰어난 그림을 그리게 되었다. 여러 차례 전시회까지 열었다. 그는 자신이 많은 은혜를 받은 사람이라며 다음과 같은 고백을 한다.

첫째는, 내가 전신마비 환자가 되었기 때문에 주님을 믿게 된 것에 대해 무엇보다 감사하게 생각한다.

둘째는, 군대에서 다쳤기 때문에 치료비를 해결할 수

있게 된 것을 하나님께 감사한다.

셋째는, 병원에 입원하는 중에 지금의 아내를 만나게 된 것에 감사한다.

넷째는, 남들이 하지 못하는 구필화가가 된 것에 감사한다.

그는 하나님께서 자신에게 베푸신 은혜를 생각할 때마다 감사하지 않을 수 없다고 고백한다. 살아가는 것이 너무 힘들고 고통스럽다는 생각이 들 때면 구필화가 김준호씨를 생각해 보았으면 좋겠다. 그는 목 아래를 움직일 수 없을 뿐더러 누구의 도움 없이는 손끝하나 움직일 수 없는 처지임에도 하나님께 늘 감사하고 역경을 극복한 성공한 인생을 살고 있지 않은가.

스웨덴의 레나 마리아도 이와 비슷한 은혜의 삶을 살고 있다. 그녀는 전 세계 언론으로부터 '천상의 목소리'라는 말을 들을 정도로 격찬을 받은 가수 겸 작곡가이며, 베스트셀러 저자이기도 하다. 거기에 더해 세계장애인선수권대회에서 4개의 금메달까지 획득한 운동선수이기도 하다. 그런데 그녀에겐 큰 신체적 장애가 있다. 두 팔이 없고, 왼쪽 다리는 오른쪽 다리의 절반밖에 안 된다. 그는 자신의 장애에 대해 이렇게 말했다.

"나는 내가 장애인인 것에 감사한다. 나는 대부분의 일을 다 해낼 수 있다. 그리 간단하지만은 않지만 살아가는 것이 어렵지 않다. 남들과 사는 방식이 조금 다를 뿐이며 장애는 하나님이 내게 주신 특권이다."

감사는 환경에 있는 것이 아니라 마음에 있다. 우리가 잃은 것, 없는 것만 바라보면 감사할 수 있는 사람은 세상에 아무도 없다. 주어진 것에 만족하고 아직도 세상은 살만한 곳이라고 생각하면 감사가 나온다. 거기에 더해 우리에게는 영원한 천국이 있고, 나와 함께 하시고 나를 끝까지 사랑하시는 하나님이 계신다. 이보다 더한 감사의 제목이 어디 있겠는가. 그 변하지 않는 깊은 감사의 제목을 생각하며 오늘은 하나님께 기도를 드리자.

"주께서 나를 모든 악한 일에서 건져내시고 또 그의 천국에 들어가도록 구원하시리니 그에게 영광이 세세무궁토록 있을지어다 아멘"(디모데후서 4:18).

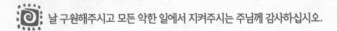 날 구원해주시고 모든 악한 일에서 지켜주시는 주님께 감사하십시오.

녹슨 총알에 담긴 감사

영국의 엘리자베스 여왕이 머무는
원저성에는 수많은 미술품과 역사적
인 물품이 소장되어 있다. 그 가운데
유독 사람들의 눈길을 끄는 것이 있다.
그것은 트라팔가 해전에서 넬슨 제독을 죽음으로 이끈
'녹슨 총알'이다.

넬슨 제독은 1805년 10월 21일, 27척의 영국 함대를
이끌고 스페인의 남서쪽 트라팔가 앞바다에서 33척의
프랑스와 스페인 연합함대와 전쟁을 벌였다.

전력의 열세를 잘 알고 있었던 넬슨은 자신이 앞장
서 공격하며 병사들의 사기를 끌어올려 극적인 승리를
가져오는데, 치열한 전투 도중에 저격수가 쏜 총탄에 왼
쪽 어깨를 맞는다. 직경 1.75센티미터의 총알은 그의 어
깨를 부순 후 왼쪽 폐에 구멍을 뚫어 동맥 하나를 끊고
척추에 박혔다. 치명적인 부상이었다. 심장이 박동할 때
마다 피가 뿜어져 나왔고, 몸은 서서히 마비가 되면서
극심한 통증이 수반되었다. 그런데 놀라운 것은 그 모든

고통에도 넬슨은 조금도 흔들리지 않고 전투를 지휘했다는 것이다. 심지어 자기를 치료해야 할 군의관까지 다른 병사들에게 돌리면서 오직 전쟁에서의 승리만을 생각하며 작전 지시를 내렸다.

영국군의 승리가 확정되자 넬슨 제독은 하디 함장에게 곧 몰아칠 폭풍을 대비하라고 지시를 내린 후 "하나님에게 감사를 드린다. 나는 내 의무를 다했노라"는 말을 수차례 반복한 후 세상을 떠났다. 죽는 순간까지 최선을 다한 후, 하나님께 감사의 말로 인생을 마감한 넬슨의 마지막 모습이 아름답기 그지없다.

넬슨은 마지막뿐 아니라 평생을 열심히 산 사람이다. 12세에 입대하여 20세에 함장이 된 넬슨은 영국 해군을 무적 해군으로 만드는데 자신의 모든 것을 바쳤다. 전투가 벌어지면 이순신 장군처럼 넬슨은 늘 앞장서서 싸웠는데, 1794년 코르시카 섬의 칼비항 전투에서 오른쪽 눈을 잃고, 1797년 세인트 빈센트 해전에서 오른팔을 잃었다. 그래도 조금도 굴하지 않고 자기의 자리를 굳게 지켰다. 넬슨의 투철한 책임감은 그가 죽던 그 날에도 기상 일지를 작성했던 것을 보면 알 수 있다.

참된 감사는 이처럼 단순한 말을 넘어 삶에 흔적을 남긴다. 그래서 감사라고 다 같은 감사가 아닌 것이다. 감사에도 격이 있다. 자기의 책임을 다하며 성실하게 산 사람의 감사와 적당히 살면서 겉치레로 하는 감사와는 분명히 그 차원이 다르다. 넬슨은 마지막 순간에도 자신의 사명의 줄을 놓지 않았다. 그런 다음, 감사로 인생을 마쳤다. 그러했기에 넬슨의 녹슨 총알에 담긴 감사는 보통 사람들의 감사와 격이 다른 것이다.

최선을 다한 후 자기의 삶을 인도하신 하나님께 감사를 드리는 사람은 진정으로 아름다운 사람이다.

바울을 보라. 바울은 자기의 달려갈 길을 최선을 다해 달려간 후, 하나님께 감사의 고백을 드린다. 자기가 믿음을 지키고 선한 싸움을 싸운 것은 모두 하나님의 은혜였음을 고백하며 죄인 중에 괴수 같은 자기에게 직분을 맡겨주셨음에 오히려 감사한다(디모데전서 1장). 우리는 말과 혀로 그치는 습관적인 감사를 조심해야 한다. 흔적 없는 겉치레 감사는 자기만족과 과시용 믿음에 불과하다. 참된 감사는 반드시 삶의 흔적과 결과로 나타난다.

넬슨과 바울을 보더라도 감사하는 인생은 반드시 최선을 다할 수밖에 없다. 감사는 사람의 인생에 반드시 어떤 모양으로든 흔적을 남긴다.

우리는 감사라는 말을 너무 많이 들어서 감사를 쉽게 생각한다. 그러나 감사는 성실하고 열심히 산 사람들만이 할 수 있는 차원 높은 삶의 태도라는 것을 알아야 한다. 감사하는 인생은 주어진 하루하루를 소중하게 생각하기에, 녹이 슬어 없어지지 않고 닳아 없어질 정도로 열심히 살아간다. 그래서 이 땅에 삶의 흔적을 남기고 떠난다. 그리스도인들도 이 세상을 떠날 때 주님의 발자취를 따른 흔적을 세상에 남길수 있도록 감사의 삶을 살아가야 한다.

"나는 선한 싸움을 싸우고 나의 달려갈 길을 마치고 믿음을 지켰으니 이제 후로는 나를 위하여 의의 면류관이 예비되었으므로 주 곧 의로우신 재판장이 그 날에 내게 주실 것이며 내게만 아니라 주의 나타나심을 사모하는 모든 자에게도니라"(디모데후서 4:7,8).

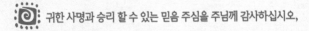 귀한 사명과 승리 할 수 있는 믿음 주심을 주님께 감사하십시오,

11

감사로 일궈낸 성공신화

서울 무교동 45번지, 코오롱 본사와 파이낸셜 빌딩 사이 도로변에 가면 소형 트럭을 개조하여 '석봉 토스트'를 팔고 있는 김석봉 대표를 만날 수가 있다. 아침 7시만 되면 근처 직장인들이 줄지어 늘어서 있다. 오전 11시까지 토스트를 파는데 이 일을 한지 벌써 20년 가까이 된다. 석봉토스트는 서울 무교동의 5대 명물로 불릴 정도로 유명한데, 일본 여행 안내서에도 소개되어 토스트 맛을 보려고 찾아오는 일본 관광객도 많다고 한다.

김석봉 대표는 반석성결교회 장로로, 가난한 농부의 8남매 가정에서 태어나 초등학교를 졸업하자마자 공장생활을 시작해 정비공, 합판공장, 용접공, 웨딩촬영기사, 과일 행상 등 온갖 궂은일을 하며 고단한 삶을 살아왔다.

이후 못배운 한을 풀기 위해 아내의 뒷바라지 속에서 검정고시로 중·고교 과정을 마치고 신학교까지 진학했으나 외환위기가 터지면서 어려움을 겪게 되었다. 그래서 가장인 그가 나서게 되었는데, 그 당시 그의 수중에는 단돈 200만 원밖에 없었다. 6개월 동안 창업을 할 만한 다양한 아이템을 찾아다닌 끝에 출근시간에 토스트를 파는 스낵카 창업을 하게 되었는데 초창기 수입은 생각보다 훨씬 적었다. 거기다 노점이 앞에 있으니 장사가 안 된다며 쫓아내는 매장 상인, 구청 단속반, 파출소, 깡패 등 어려움이 많았는데, 그는 그럴 때마다 뜻을 굽히지 않고 '토스트에 있어서만큼은 최고가 되자'는 다짐을 하면서 오히려 더 적극적으로 연구를 하고 장사를 했다.

그는 집에서도 주방장 유니폼을 차려입고 반가운 표정과 상냥한 미소를 매일 거울을 보며 연습했다. 그리고 당시 일반적이었던 조미료와 설탕이 들어간 토스트 대신 계란에다 신선한 야채를 듬뿍 넣은 건강식 토스트를 개발해 내놓았다. 그래서 석봉토스트는 불티나게 팔려나갔고, 토스트 하나로 1년에 1억 이상 버는 노점상 성공 신화의 주인공이 되었다. 현재는 전국에 체인점이 300개가 넘으며 중국에까지 진출했다. 그가 이렇게 성공신화를 이루게 된 것은 '감사하는 마음'에 있다. 지금도 일을 하기 위해서 새벽 4시면 일어나는데 거울을 보면서 오늘 하루를 허락하신 하나님께 감사하며 '기뻐, 바뻐, 예뻐'라는 '3뻐'를 외친다.

하나님께서 창조하신 피조물인 나는 언제 어디서든지 뭐든지 기쁘게 받아들이고 바쁘게 뛰고 예쁘게 살자는 뜻이다. 그 다음 식탁에 앉아서 성경을 읽는데 매일 그 날짜에 맞는 장수의 잠언 한 장 읽고 기도한 다음에 감사하는 마음으로 일터로 나간다. 또, 아내와 4명의 아들을 두고 있는 그는 저녁 식탁에서 모든 가족들을 모아놓고 그날 하루의 감사함에 대해 이야기를 나눈다. 그러므로 그의 삶에 있어 감사는 호흡과 같다. 이렇게 그는 어떤 형편이나 처지에서도 늘 감사하는 마음을 잃지 않는다.

그는 2002년 위암 수술을 받으면서 더욱 감사하며 살고 있다. 급성 위암진단을 받고 즉시 위의 절반을 떼어냈고 8년간을 투병생활을 했지만 그러면서도 그는 근면 성실하게 일을 해 오늘의 석봉토스트를 만들어 냈다. 그는 여전히 감사가 인생의 꼭 필요한 요소라고 말을 한다.

"사람이 살아있는 한 어려움이 없을 수는 없고 항상

나의 상황이 가장 어려워 보이지만 감사하는 마음으로 살아가게 되면 행복한 인생을 살아갈 수 있다."

그에게 있어 감사가 성공신화의 비결인 것이다. 그리고 그의 훌륭한 점은 장사로 생긴 수익금 가운데 생활비 외에 남는 전액을 교회와 이웃을 위해 쓴다는 점이다. 그래서 아직까지 전셋집 신세를 못 면하고 있지만, 마음만은 그 누구보다도 부유하다. 진정한 감사가 삶 속에 스며들어 있지 않는 사람은 절대로 할 수 없는 일이다.

'석봉 토스트'의 예에서 보듯이 감사는 성공과 행복의 비결이다. 어떤 형편에 처하든지 감사함으로 받아들이면 성공의 길은 열리게 되어 있다. 어떤 어려움 속에서도 감사하는 마음을 잃지 말자. 감사를 잃지 않는 사람에게는 반드시 기쁨과 행복의 날이 찾아오게 되어 있다.

"그러므로 우리는 예수로 말미암아 항상 찬송의 제사를 하나님께 드리자 이는 그 이름을 증언하는 입술의 열매니라 오직 선을 행함과 서로 나누어 주기를 잊지 말라 하나님은 이같은 제사를 기뻐하시느니라"(히브리서 13:15,16).

 요즘 누구에겐가 선을 베풀 수 있게 하신 주님께 감사하십시오.

12

잠수종과 감사

2008년 2월, 우리나라에 '잠수종과 나비'라는 매우 감동적인 영화가 개봉된 적이 있다. 실화를 토대로 만든 프랑스 영화로 제65회 골든 글로브 최우수 감독상과 최우수 외국어영화상을 받았고, 2007년 칸 영화제에서도 최우수 감독상을 수상하였다.

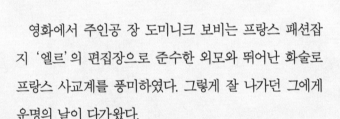

영화에서 주인공 장 도미니크 보비는 프랑스 패션잡지 '엘르'의 편집장으로 준수한 외모와 뛰어난 화술로 프랑스 사교계를 풍미하였다. 그렇게 잘 나가던 그에게 운명의 날이 다가왔다.

1995년 12월, 43세의 장 도미니크 보비는 새로 산 BMW에 아들을 태우고 비틀즈의 노래를 들으며 운전하던 중, 갑자기 뇌졸중으로 쓰러진다. 3주가 지나 가까스로 깨어난 그는 자신의 몸 상태에 절망한다. 뇌간 마비로 손끝하나 까딱하지 못하고 오직 세상과 소통할 수 있는 것은 깜박거릴 수 있는 왼쪽 눈뿐이었다. 프랑스

예술계의 중심에 섰던 그가 인생의 제일 밑바닥으로 떨어진 것이다. 그러나 그는 자신의 처지에 좌절하거나 불평하지 않고 오히려 감사로 받아들였다. 잠시 좌절했던 순간이 없었던 것은 아니지만, 그는 주어진 삶을 긍정적으로 살기로 했다. 그는 자신이 할 수 있는 유일한 소통 수단인 왼쪽 눈의 깜박거림으로 책을 썼다.

눈 깜박임으로 의사를 전달해야 하기에 언어치료사가 알파벳 판에서 한 글자씩 가리키면 자신이 원하는 글자에 눈을 깜박거렸다. 무려 15개월 동안 20만 번 이상의 깜박임으로 130쪽 분량의 책을 완성하였는데, 어느 날인가는 한 문장을 쓰는데 꼬박 하룻밤을 보내기도 했다. 그는 잠수종 안에 갇힌 신세가 되었지만 마음은 훨훨 나는 나비를 상상하며 삶을 긍정했다. 그래서 탄생한 책이 〈잠수종과 나비〉라는 책으로, 1997년 3월 프랑스에서 출간되자마자 프랑스 국민들의 심금을 울리며 단숨에 베스트셀러가 되었다.

책의 제목이 된 잠수종(The Diving Bell)이란, 바다나 강가에서 물 밑 기초 작업을 할 때 필요한 작업 도구를 말한다. 잠수종을 통한 작업을 하게 되면 수압을 이기기 위해 제작된 거대한 갑옷에 신체는 감금될 수밖에 없고, 외부에서 공급해 주는 공기가 없으면 30분도 생존하기 어렵다. 의사소통도 거의 불가능하여, 다만 헬멧의 투명한 창밖으로 보이는 풍경을 눈동자를 굴리며 구경할 뿐이다. 그는 자기 의지대로 움직일 수 없는 몸의 상태를 잠수종에 비유한 것이다. 그 책을 토대로 제작된 영화가 앞서 소개한 '잠수종과 나비'이다.

그는 책의 서문에서 이렇게 말한다.

"흘러내리는 침을 삼킬 수만 있다면 세상에서 가장 행복한 사람이다."

들숨과 날숨을 마음껏 쉴 수만 있어도 그 사람은 행복한 사람이라는 것이다. 50cm 거리에 있는 아들을 보고도 따뜻하게 안아줄 수 없어 눈물을 쏟은 안타까운 심정을 표하면서, 건강의 복을 모른 채 툴툴거리며 잠자리에서 일어났던 그동안의 수많은 아침들에 대해 죄스러운 마음을 금할 수 없다고 말한다. 감사에 인색한 현대인들이 귀담아 들어야 할 말이라고 생각한다.

어느 목사님이 소록도를 방문했을 때 그 곳에서 사역하고 계시는 나환자 전도사님이 이런 인사말씀을 했다.

"여러분들은 인간의 마지막 섬, 소록도에 왔다. 그러나 여기가 끝이 아니다. 우리가 꼭 가야할 섬, 정말 마지막 섬이 있는데 거기 가보셨는가? 그 섬의 이름은 지라도다."

여기서 '지라도 감사'라는 말이 나왔다.

풀무불에 절하지 않은 다니엘의 세 친구들의 '그리 아니하실지라도 감사', 하박국 선지자의 열매가 없고 먹을 것이 없고 양이 없으며 외양간에 소가 없을지라도 하나님 한 분 만으로 기뻐하고 감사하겠다는 '지라도 감사', 그리고 전도사님의 말씀처럼 이런 감사가 진정한 감사라고 성경 역시 말한다. 오늘 혹여 어떤 좋지 않은 상황에 처한다 하더라도 하나님을 바라보며 '지라도 감사'의 삶을 실천해보자.

"왕이여 우리가 섬기는 하나님이 계시다면 우리를 맹렬히 타는 풀무불 가운데에서 능히 건져내시겠고 왕의 손에서도 건져내시리이다 그렇게 하지 아니하실지라도 왕이여 우리가 왕의 신들을 섬기지도 아니하고 왕이 세우신 금 신상에게 절하지도 아니할 줄을 아옵소서"(다니엘 3:17,18).

 어떤 어려움 가운데 있을지라도 건져주실 주님께 감사하십시오.

13

임직과 감사

임명직으로 최고의 영예를 자랑하는 직분은 장관직이다. 영예만 있는 것이 아니라 권세와 특권도 쏠쏠하다. 거기다 한번 장관을 하면 퇴임 이후에도 장관이라는 호칭이 꼬리표처럼 붙어 다니기에, 많은 사람들이 장관직을 선망한다. 그래서 그런지 김종필 전 자민련 총재는 이런 말을 했다.

"장관이 되고 싶어 하지 않는 의원은 한 명도 없다."

이 말처럼 국회의원이 되면 장관에 발탁되기를 내심 다 기대하고 있다. 평소 장관자리 기웃거리는 사람들을 경멸했던 이어령 이대 석좌교수 같은 경우도 노태우 전 대통령이 초대 문화부 장관자리를 제의했을 때 "마음에 잔물결이 일었다."고 고백했다. 그리고 집에 찾아온 대통령비서실장이 수락한 것으로 알고 가겠다고 일어설 때 "안 하겠다."는 말을 끝내 하지 못했다고 한다.

이렇듯 장관직이라는 권력의 자리가 주는 매력은 보

통 사람들의 상상을 초월한다. 그래서 장관에 임명됐을
때 임명권자인 대통령에 대한 감사의 마음은 대단하다.
많은 사람들 가운데 자신을 선택해 임명했다는 것은 자
신의 능력과 역량을 인정해 준 것이니 그 점에 감사하
고, 또 장관이라는 직분이 주는 대단한 영예를 생각하
니 감사하지 않을 수가 없는 것이다.

김대중 정부 때 안동선 법무장관 같은 경우 장관 임
명 소식에 "태산 같은 성은에 감사드린다."고 했고,
2001년 2월 한명숙 여성부장관의 취임축하연에서 한
장관과 여성단체 간부들은 감격의 눈물을 펑펑 쏟으며
기뻐했다.

그런데 이에 비해서 교회의 직분은 어떠한가.

우주만물의 주인이신 하나님께서 세상 영광과 비교
할 수 없는 고귀한 직분을 맡겨주셨음에도, 장관직에
비해 교회 직분은 감사의 정도가 훨씬 못 미치는 것 같
다. 요즘 임직식을 보면 과거 우리 믿음의 선배들이 보
여주었던 절절한 감격을 느낄 수가 없다.

사도 바울을 보라. 디모데전서 1장 12절에서 "자신을
충성되게 여겨 직분을 맡겨주신 하나님의 은혜에 대해

크게 감사하는 것"을 볼 수 있다. 자격 없는 자신을 택해 능력을 주셔서 사도의 직분을 맡겨주신 것에 대해 가슴 가득한 감사고백을 하는 것을 볼 수 있다. 세상에서의 직분은 자격과 능력이 갖춰진 사람에게 주어진다. 직분을 맡긴 다음 실력을 갖추도록 절대 기다려 주지 않는다. 그래서 세상의 고위 직분은 하늘의 별 따기 만큼이나 어렵다.

그러나 교회의 직분은 능력이 부족해도 가능하다. 바울이 고백한 것처럼 직분을 맡기실 때 하나님께서 그 직분을 감당할 수 있는 능력을 주시기 때문이다. 그러니 얼마나 감사한가. 바울이 위대한 사도가 된 것도 바울이 뛰어난 학자였거나 열정 때문이 아니라 하나님께서 바울을 바울 되게 하셨기 때문이다. 그래서 바울이 나의 나된 것은 하나님의 은혜라고 했던 것이다(고전 15:10).

그러므로 교회에서 수여하는 집사, 권사, 장로와 같은 직분은 세상의 그 어떤 직분보다 고귀하고 영광스러운 직분이다. 죽을 수밖에 없는 우리를 하나님께서 직분자로까지 세워주신 것은 정말 하나님의 지극하신 은혜이다. 그 은혜에 우리는 얼마나 감사 감격하고 있는가.

세상의 직분은 아침 이슬처럼 금세 사라진다. 1980년대 이후 장관의 평균 재임기간이 13.3개월로 1년을 조금 넘긴다. 그렇게 감사하고 감격한 장관의 자리지만 1년만 되면 물러나야 한다. 그러나 교회의 직분은 그렇지가 않다. 설령 70세에 은퇴해도, 이 땅에서의 우리의 직분을 하나님께서 기억하시기에 그 직분은 영원하다. 세상의 그 무엇과도 바꿀 수 없는 고귀한 직분을 맡겨주신 하나님께 우리는 온 마음으로 감사하며 주어진 직분에 최선을 다해야 할 것이다. 그것이 직분자의 바른 자세이다.

"나를 능하게 하신 그리스도 예수 우리 주께 내가 감사함은 나를 충성되이 여겨 내게 직분을 맡기심이니"(디모데전서 1:12).

 내게 주님의 일을 하도록 직분주신 주님께 감사하십시오.

Ⅱ
내일도 태양은 뜬다

01

이그램의 희망

서울대 이상묵 교수는 목 아래를 쓰지 못하는 전신마비 장애인으로, 한국의 스티븐 호킹이라 불린다. 어릴 때부터 해양학자를 꿈꿔온 그는 MIT에서 박사학위를 받고, 서울대 지구환경과학부 교수가 되었다. 그러나 미국 캘리포니아 공과대학과 함께 진행하던 야외지질조사 프로젝트의 마지막 코스인 데스 벨리(Death Valley)로 향하던 중, 사막 한 가운데에서 그가 몰던 차가 전복되었다.

이 사고로 그는 네 번째 척추가 완전히 손상돼 전신마비가 되었고, 사랑하는 제자도 잃었다. 며칠간 사경을 헤매다 간신히 의식을 회복한 그는, 하늘이 자신을 아직 살려준 이유가 있을 것이라고 생각하며 자신이 처한 상황을 최대한 긍정적으로 받아들이기로 했다. 그리고 비록 어깨 아래는 움직이지 못하지만 과학자로 활동할 수 있도록, 생각할 수 있고 말할 수 있고 뺨을 움직이고 입김을 불 수 있다는 것에 감사하였다.

그렇게 무게로 따지면 0.1그램도 되지 않을 것 같은 희망을 붙잡고 그는 재활에 매달렸다. 희망의 크기에 비해 기적적으로 빠른 회복을 통해, 6개월 만에 전동휠체어를 타고 다시 대학 강단으로 돌아올 수 있었다.

건강한 몸으로 최고의 지성인들을 가르친 세계적인 학자였던 그가 이제는 어깨 아래는 쓸 수 없는 전신마비 환자가 되었지만, 그는 삶을 긍정적으로 받아들였다. 전신이 자유로웠던 삶에서 휠체어에 의지하는 삶으로, 서서 보는 세상에서 앉아 보는 세상으로 바뀌었지만 그런 삶이라도 남아있음에 감사했다.

그는 자신의 저서인 '0.1그램의 희망'에서 "삶은 희망이 사람을 어떻게 변화시키는지에 대한 충분한 증거다."라고 말하며 "44년 동안 정상인으로 살았으니 나머지 인생을 조금 다르게 살아보는 것도 나쁘지 않다."고 말했다. 또한 "눈앞에 뭔가 보였을 때 벌떡 일어나 앉는 것, 호기심에 따라 몸을 움직이는 것, 기어가는 벌레에 반응하고, 등 밑의 작은 돌을 피해 몸을 뒤척이는 것, 그렇게 나의 감각이 다른 사물과 교통하는 그 모든 것, 그것이 얼마나 기적 같은 일인지 꿈에도 몰랐다."는 고백을 통해 평범한 일상을 누리는 것이야말로 최고의 감사 제목임을 많은 사람들로 하여금 깨닫게 했다.

장애인으로 살아가는 것이 유독 쉽지 않은 우리 사회에서, 희망의 끈을 놓지 않고 긍정적으로 자신의 삶을 헤쳐 가는 그의 모습은 작은 일에 낙심하고 좌절하는 보통의 사람들에게 큰 귀감이 된다.

그는 척추 장애인들 중 일부가 겪는 오토노믹 디스리플렉시아(AD : 자율신경과반사)가 한 달에 한번 정도 나타나, 그때마다 죽음의 고비를 넘긴다. 그는 하반신이 모두 마비되었기 때문에 방광에 소변이 차도 스스로 해결할 수가 없다. 그래서 높아진 혈압으로 심한 두통을 겪게 되는데, 그때 즉각적인 조치를 취하지 않으면 생명이 위태롭다.

그는 일반적인 척추 장애인들이 겪는 고통의 몇 배나 더 가혹한 환경에 처해 있는데다 평생을 그런 AD와 싸워야 한다. 그럼에도 그것을 원망하고 절망하지 않고 오히려 하나님이 자신을 교만하거나 게으르지 않도록 준 삶의 감시자라고 말하며 감사를 한다.

이처럼 인간은 극단적인 절망의 상황이라도 삶을 포기하지 않고 0.1그램의 희망이라도 그것을 붙잡는다면 다시 일어설 수 있다.

특히 우리 그리스도인들에게는 모든 것을 가능케 하시는 전능하신 하나님이 계신다. 하늘이 무너지는 것 같고, 사방이 다 막혀서 출구가 없고, 터널의 끝이 보이지 않는 절체절명의 순간에도 하나님께서는 나를 위해 일하고 계신다. 절망의 상황에서도 소망의 노래로 하나님을 찬양할 수 있는 것은 언젠가 반드시 나를 일으켜 승리와 영광의 노래를 부르게 하실 하나님이 있기 때문이다. 그리스도인들은 그 하나님을 믿고 깨달음으로 하나님이 주신 축복에 감사하며 하나님께 영광을 돌려야 한다.

"두려워하지 말라 내가 너와 함께 함이라 놀라지 말라 나는 네 하나님이 됨이라 내가 너를 굳세게 하리라 참으로 너를 도와주리라 참으로 나의 의로운 오른손으로 너를 붙들리라"(이사야 41:10).

지극히 절망적인 상황이라 하더라도 주님께서 주시는 희망이 있음을 잊지 마십시오.

02

포먼의 도전정신

전설적인 헤비급 복서인 조지 포먼은 어렸을 때 학교 가기를 싫어하고 뒷골목에서 싸움이나 하는 불량소년이었다. 그런 포먼 때문에 그의 어머니는 늘 마음을 졸이면서 하나님께 기도했다. 그리고 그 기도덕분에 포먼이 16살 때 브로더스라는 사람이 포먼에게 복서로써의 소질을 발견하고 데려다가 권투를 가르쳤다. 포먼의 뛰어난 재능은 링에서 곧 드러나, 1968년 멕시코올림픽 헤비급에 출전해 금메달을 획득했다.

성인이 되어 프로에 전향해서도 승승장구했다. 33번이나 KO승을 거둘 정도로 뛰어난 펀치력을 자랑하던 그에게 사람들은 '핵주먹'이라는 별명을 붙여줬다. 그리고 마침내 1973년도에 당시 챔피언인 조 프레이저를 수차례 다운시킨 끝에 2회 만에 KO승을 거두고 세계 챔피언이 되었다. 그러나 그의 영광은 오래 가지 않았다.

1974년 10월, 그는 조지 포먼의 압도적인 우세라는 전문가들의 예상을 뒤엎고 도전자인 무하마드 알리에게 충격적인 8회 KO패를 당했다. 포먼은 그 치욕적인 패배에 큰 충격을 받아 슬럼프에 빠지게 되었고, 1977년 지미 영에게 패한 후, 심각한 부상으로 28세의 젊은 나이에 은퇴를 하게 된다. 그러나 그 때 부상의 후유증으로 죽음을 생각할 정도의 고통을 겪다가 하나님을 만나게 된다. 그리고 자신이 소중하다고 생각했던 것들이 사실은 소중한 것이 아님을 알게 되었고, 복음이라는 가장 중요한 인생의 가치를 발견하게 되었다.

이후 더 이상 돈의 노예가 아니라 그리스도 예수의 종이 되어 오직 복음 전하는 일에 자신의 재능과 재물을 포함해 모든 것을 하나님께 드리기로 결심한다. 그후 신학교를 졸업하고 목사 안수를 받은 포먼은 휴스턴 빈민가 부근에 교회를 세우고, 자비로 '포먼 청소년문화센터'를 건립한다. 또, 많은 흑인 청소년들이 범죄에 빠져드는 것을 보고 체육관도 열어, 문제 청소년들을 가르치며 그들의 에너지가 범죄에 사용되지 않도록 온 힘을 쏟았다. 그러나 은퇴한 지 10년이 되던 해에 포먼의 재산관리 담당 변호사는 은행 잔고가 바닥이 났다면서 청소년을 돕는 일에서 그만 손을 떼라고 했다. 포먼은 그럴 수가 없었다. 자기가 돌보지 않으면 그 청소년들이 다시 범죄에 빠져들 게 뻔했기 때문이다.

그래서 이미 복서로써는 한참 은퇴의 시기가 지난 38세의 나이에 포먼은 다시 링으로 돌아갈 결심을 한다.

그가 복귀 한다는 소문이 퍼지자 모든 사람들이 부정적인 말을 하기 시작했다. 포먼의 당시 몸무게는 150kg이나 되었고, 38세의 나이는 권투선수로서는 할아버지 나이였다. 어떤 기자는 "차라리 시체 안치소의 시체를 꺼내다가 포먼과 시합을 붙여라."는 말까지 했다. 그러나 포먼은 그 모든 부정적인 의견들과 가족들의 반대에도 굴하지 않고 뼈를 깎는 연습을 하였다.

그는 챔피언일 당시에도 로드웍을 5km이상 하지 않았는데, 복귀를 위해서 16km를 뛰었다. 피나는 노력으로 체중도 130kg까지 줄이고 만반의 준비를 갖췄다. 그는 하나님께 나이가 더 젊어지기를 기도하지 않고 현재 자신의 나이에서 최선을 다하게 해달라고 기도했다. 복귀 후 차근차근 승리를 쌓아가던 포먼은 마침내 1994년 11월, 당시 세계헤비급챔피언인 29살의 마이클 무어러에게 도전해 10회 역전 KO승을 거둔다. 45세의 할아버지 복서가 혈기왕성한 아들 같은 챔피언을 이긴 것이다. 아이들을 돕고자 하는 마음에서 생겨난 그의 불굴의 도전정신이 불가능을 가능케 만들었다.

포먼은 "도전 없이 성공은 없다. 만약 오른손이 부러졌으면 왼손으로 싸워라. 왼손이 부러졌다면 오른손으로 다시 시작하라. 도전의 길에는 나이란 없다."라는 말을 했다. 그는 하나님을 믿는 사람들이 어떻게 살아야 하는지를 자신의 말과 행동으로 보여줬다. 그리스도인은 나이와 환경을 초월하여 그리스도 안에서 내가 할 수 있다는 믿음을 가지고 더 나은 삶을 위해 도전해야된다. 현실에 안주하지 말고, 크고 높은 목표를 향해 도전하는 인생이 되어야 한다.

"그 날에 여호와께서 말씀하신 이 산지를 지금 내게 주소서 당신도 그 날에 들으셨거니와 그 곳에는 아낙 사람이 있고 그 성읍들은 크고 견고할지라도 여호와께서 나와 함께 하시면 내가 여호와께서 말씀하신 대로 그들을 쫓아내리이다 하니"(여호수아 14:12).

환경 때문에 주님이 주신 비전을 포기하지 말고 여호수아와 같이 마음을 담대히 지키십시오.

03

꿈꾸는 인생

히브리서 11장 1절에 보면 믿음은 '바라는 것들의 실상'이라는 말씀이 나온다. 여기서 '바라는 것들'이란 꿈, 소망, 비전을 말한다. 믿음과 꿈은 밀접한 관계가 있다. 역사에 남는 위대한 업적들은 모두 불가능해보일지라도 꿈을 가진 사람들에 의해 이루어졌다. 믿음으로 잉태된 꿈에는 신비한 힘이 있다. 역사를 창조하는 능력이 있다.

미국의 28대 대통령이었던 윌슨은 "위대한 사람들은 모두 어려서부터 꿈을 가졌다. 그들은 봄날 아련히 피어오르는 아지랑이 속에서, 기나긴 겨울밤 붉게 타오르는 불꽃 속에서 환상을 본다. 꿈이 실현될 것을 굳게 믿는 사람에게는 반드시 꿈을 꽃피울 봄날이 온다."라고 말했다.

1940년대 초, 에드먼드 힐러리(Edmund Hillary)라는 뉴질랜드 청년은 세계에서 가장 높은 산인 에베레스트

정복에 나섰다가 실패하였다. 그는 내려오는 길에 이런 유명한 말을 남겼다.

"산아, 너는 자라나지 못한다. 그러나 나는 자라날 것이다. 나의 기술도, 나의 힘도, 나의 경험도, 나의 장비도 자라날 것이다. 나는 다시 돌아온다. 그래서 기어이 정상에 설 것이다."

정상정복에 대한 꿈을 포기하지 않았던 힐러리 경은 드디어 약 10년 후인 1953년 5월 29일, 다른 산악인 두 명과 함께 역사상 처음으로 에베레스트 정상을 밟을 수 있었다. 꿈이 성공의 열쇠였던 것이다.

또 꿈하면 2002년 월드컵 대회에서 4강 신화를 이뤘던 히딩크 감독이 생각난다. 많은 국민들이 단지 1승이라도 거두기를 꿈꿨을 때, 히딩크 감독은 그 이상의 꿈을 꿨다. 세계축구계의 변방이라고 할 수 있는 한국대표팀을 맡은 지 1년 6개월 만에 그는 당당히 세계 4강의 위업을 달성했다. 그 이후에도 히딩크는 꿈꾸는 인생을 멈추지 않았다. 이후 호주 대표팀을 맡아 32년 만에 월드컵 진출을 이뤄내더니, 2006년 독일 월드컵에서는 16강까지 진출하는 쾌거를 이뤄냈다.

하나님께서도 지식이나 지혜가 뛰어난 사람들 대신, 꿈과 비전을 가진 사람들을 사용하신다. 성경적으로 말한다면 하나님께서 먼저 거룩한 꿈을 꾸게 하신다(빌립보서 2:13). 하나님께서 한 개인이나 공동체나 가정을 축복하시고자 할 때, 먼저 마음속에 꿈을 꾸게 하고, 그 꿈을 이루도록 축복하신다. 그러므로 우리 믿는 사람들은 주 안에서 꿈을 달라고 기도해야 하고, 하나님이 꿈을 주셨다면 그 소원이 이미 이루어진 것처럼 생각하여 말을 하고 선포해야 한다.

믿음의 세계인 4차원의 세계는 꿈꾸는 사람만이 누릴 수 있다. 꿈은 성공의 열쇠가 된다. 달걀은 품어주지 않으면 절대로 병아리가 되지 못하듯, 오늘 꿈을 품지 않은 사람에게 내일의 성공은 결코 주어지지 않는다.

성경에 나오는 요셉을 보라.

꿈을 소유했기에 많은 시련 가운데서 애굽의 국무총리가 될 수 있지 않았는가. 노예이자 죄수가 한 나라의 총리가 되는 것은 지금에도 힘든 일이지만 당시에는 더욱 불가능한 일이었다.

하나님께서는 우리의 꿈을 통해 일하신다. 꿈이 없

는 그리스도인은 날개 없는 새와 같다. 주님 안에서 꾸게 된 꿈은 세상적으로 불가능해 보일지라도 반드시 성취된다는 것이 성경의 약속이다. 사람으로는 할 수 없지만 하나님께서는 다 하실 수가 있으며(마태복음 19:26), 주님께는 능치 못한 일이 없으시기 때문이다(예레미야 32:17). 우리가 꿈꿀 때 하늘로부터 놀라운 능력이 임해 우리의 꿈이 이뤄져 세상을 변화시킬 수 있다는 것을 가슴깊이 기억하자.

"너희 안에서 행하시는 이는 하나님이시니 자기의 기쁘신 뜻을 위하여 너희에게 소원을 두고 행하게 하시나니"(빌립보서 2:13).

 나를 향한 주님의 소원을 찾아 인생의 방향으로 정하십시오.

04

희망을 노래하라

인생을 살다보면 하늘이 무너져 내리는 것 같은 어려움을 당할 때가 있다. 사업이 부도가 나서 천문학적인 빚을 지거나, 현대의학으로는 고칠 수 없는 불치병에 걸린 경우, 또 사랑했던 사람으로부터의 배신이나 억울한 일을 당해 사람들로부터 손가락질 받는 경우 등이 그렇다. 그럴 때 많은 사람들이 좌절과 절망 속에서 인생을 방황하거나 안타깝게도 삶을 포기한다.

그러나 희망적인 생각을 가지고 긍정적으로 바라보는 사람들에겐 하늘이 무너져 내리는 것 같은 상황 속에서도 탈출구가 보인다. 왜냐하면 희망을 이루기 위해 무엇을 할 것인가를 고민하면서 그 성취를 위해 적극적으로 나아가는 사람들에게 하나님은 길을 보여주시기 때문이다. 그래서 희망을 노래하는 사람들은 순풍보다는 오히려 역풍을 즐긴다. 속담에도 하늘은 스스로 돕는 자를 돕는다는 말이 있다. 희망을 노래하는 사람에겐 극한의 상황 속에서도 생존의 길이 보이며 성공의 길이 열려진다.

나치의 죽음의 수용소에서 탈출해 나온 스타니슬라브스키 레히의 일화는 희망이 가진 힘을 보여주는 좋은 예가 된다.

유대인인 그는 나치의 급습으로 가족들과 함께 붙잡혀 크라코우 수용소로 잡혀 가게 되었다. 그는 가족들이 가스실에서 죽어가는 모습을 눈앞에서 지켜보았기에 밤마다 악몽에 시달렸다. 그런데 그런 절망적인 상황 속에서도 그는 살아야겠다는 생각을 했다. 모든 수용자들이 절대 탈출할 수 없다고 생각할 정도로 삼엄한 독일군의 경계와 철조망으로 둘러싸인 불가능한 상황이었지만 그는 방법이 있을 거라고 믿었다. 그리고 탈출할 수 있다는 희망을 갖고 끊임없이 생각하자 마침내 그 길이 보였다. 그가 일하는 작업장에서 몇 미터 떨어지지 않는 곳에, 가스실에서 죽은 수많은 시체들을 수용소 밖으로 싣고 가는 트럭이 있었는데 그것을 이용하면 가능성이 보였다.

그는 날이 저물어 다른 수용자들이 막사로 돌아갈

때 트럭 뒤로 몸을 감추고는 옷을 모두 벗고 아무도 눈치 채지 못하게 시체 속으로 몸을 숨겼다. 잠시 후 또 한 무더기의 시체가 그 위로 쏟아졌다. 시체 썩는 고약한 냄새가 진동했지만 그는 죽은 체 하며 미동도 하지 않았다. 조금 있다 시동소리와 함께 트럭이 덜컹거리며 움직였는데 그 소리는 그의 희망이 이루어졌음을 알리는 종소리와도 같았다. 트럭은 얼마를 달린 후 수용소 밖으로 나와 큰 구덩이에 수십 구의 시체를 쏟아 부었다. 그는 밤이 될 때까지 기다린 후 주변에 아무도 없는 것을 확인한 다음 40km를 달려 국경을 벗어난 뒤 자유의 몸이 되었다. 그는 최악의 상황에서도 희망을 포기하지 않았기에 죽음의 수용소라 불리던 크라코우 수용소에서 살아날 수 있었다.

우리가 인생을 살면서 그대로 주저앉고 싶은 경우가 종종 있다. 목숨을 버리고 싶을 만큼 사방이 암흑과도 같은 절망적인 상황이 수 없이 찾아온다. 그런 경우라도 희망이라는 스위치 하나만 누르면, 칠흑같이 캄캄한 방도 환하게 밝아진다는 것을 기억해야 한다.

엄청난 고난으로 삶을 포기하고 싶을 때 하나님이 마

음에 달아두신 희망의 스위치를 찾아 눌러보라. 내 안에서 새로운 힘과 열정이 솟아나는 것을 느끼게 될 것이다. 인생이 달라지는 것을 경험하게 될 것이다. 인생의 성패를 결정하는 것은 환경이 아니라 환경을 받아들이는 태도에 있다. 그래서 희망을 노래하는 사람은 결코 절망하지 않고 긍정적으로 생각을 한다.

특히 믿음의 사람들에게는 전능하신 하나님이 계신다. 내게 능력주시는 자 안에서 내가 모든 것을 할 수 있다는 바울의 고백처럼 우리도 어떤 상황 가운데서도 승리할 수가 있다. 지금 삶이 힘들고 고통스럽다면 더욱 주님을 바라보며 희망을 노래하라. 하나님께서 우리의 절망을 소망으로 바꾸어주실 것이고, 우리의 인생 위에 아름다운 그림을 그려나가실 것이다.

"나는 비천에 처할 줄도 알고 풍부에 처할 줄도 알아 모든 일 곧 배부름과 배고픔과 풍부와 궁핍에도 처할 줄 아는 일체의 비결을 배웠노라 내게 능력 주시는 자 안에서 내가 모든 것을 할 수 있느니라"(빌립보서 4:12-13).

자족의 비결을 배우고 주님을 통해 모든 것을 이룰 수 있음을 믿고 행동하십시오.

05

내일도 태양은 뜬다

2012년 1월, 중남미 최빈국인 아이티에 진도 7.0의 강진이 발생해 20만 명이 목숨을 잃고 300만 명이 피해를 입었다. 너무도 가슴 아픈 일이 아닐 수 없다. 아이티 국민들에게는 지진이 발생한 그 날을 평생 잊을 수 없을 것이다. 악몽 같은 그 날의 사건을 통해 얻을 수 있는 교훈은, 사람은 그런 상황 속에서도 희망을 바라봐야 한다는 것이다. 태양이 멈추지 않는 한 인간은 삶을 포기해서는 안 된다. 태양은 내일도 여전히 떠올라 우리의 삶을 응원해 준다.

마가레트 미첼이 쓴 '바람과 함께 사라지다(Gone With the Wind)' 라는 위대한 문학작품이 있다. 미첼이 발목을 다쳐 요양하던 기간 중에, 미국의 남북전쟁을 배경으로 쓴 소설로 1937년에 퓰리처상을 받았고, 이 소설을 바탕으로 해서 '바람과 함께 사라지다' 라는 영화가 만들어졌다. 그 작품 속에 "내일은 내일의 태양이 뜬다"(Tomorrow Is Another Day)라는 명대사가 나온다. 여 주인공인 스칼렛이 모든 것이 바람과 함께 사라진 폐허에서 희망의 끈을 놓지 않고 말한 대목이다. 원래 제목은 '내일은 내일의 태양이 뜬다'였는데 출판사 측에서 내일이라는 말을 붙인 제목이 이미 너무 많다고 해서 '바람과 함께 사라지다'로 바뀌었다.

그런데 이 위대한 작품이 잘못했으면 세상에서 빛을 보지 못할 뻔했다. 처음에는 누구도 1037페이지나 되는 이 작품을 출판하려고 하지 않았기 때문이다. 당시 아직 남아있었던 대공황의 여파로 출판사들은 유명한 작가도 아닌 평범한 작가 지망생 마가레트 미첼의 책을 내려는 모험을 하지 않았다. 그러나 힘들게 원고를 집필한 미첼도 쉽게 물러서지 않았다. 3년 동안 원고 뭉치를 들고 이 출판사 저 출판사를 다녔는데, 나중에는 하도 사람들의 손을 타서 원고가 너덜너덜해질 정도였다.

그러던 어느 날, 그녀가 살던 애틀랜타의 지방신문을 통해 뉴욕 맥밀란 출판사 사장인 레이슨이 기차를 타고 뉴욕으로 돌아간다는 기사를 보게 되었다. 미첼은 바람처럼 기차역으로 달려가서 막 기차를 타려던 레이슨을 붙잡고 말한다.

"제가 쓴 소설입니다. 한번만 읽어주세요. 읽어보시고 관심 있으면 연락주세요."

마지못해 받아든 레이슨은 피곤한 여정을 마치고 돌아가던 길이었기에 두터운 원고뭉치를 선반 위에 올려놓고 거들떠도 보지 않았다. 기차를 타고 두 시간 가량 지났을 때 승무원이 그에게 전보 한 장을 전해주었다.

「레이슨 사장님! 원고 읽어보셨나요? 아직 안 읽으셨다면 첫 페이지라도 읽어주세요.」

레이슨은 잠시 놀랐지만 원고를 힐끗 쳐다볼 뿐 읽지는 않았다. 또 조금 있다 미첼이 보낸 같은 내용의 전보를 받았다. 그러나 이번에도 원고를 읽지 않았다. 세 번째 전보를 받게되자 레이슨 사장은 미첼의 정성에 감동해 마음이 움직였다.

'아니 대체 무슨 이야기를 썼기에 이토록 끈질기게 읽어보라고 할까?'

그 호기심에 마침내 원고에 손을 댄 레이슨은 눈을 떼지 못하고 이야기 속으로 빠져들게 된다. 기차가 뉴욕에 도착하여 사람들이 다 내릴 때도 그는 쉽게 자리에서 일어나지 못했다. 그 작품이 대단히 뛰어나다는 것을 안 레이슨은 많은 위험부담에도 출판을 결정했는데 1936년 출판된 첫 해, 당시로서는 엄청난 판매부수인 100만부 이상의 판매고를 올리며 초대형 베스트셀러가 되었다.

세상에서 가장 행복한 사람은 내일 아침을 기다리며 잠자리에 드는 사람이다. 반면 가장 불행한 사람은 내일 아침 해를 보지 않았으면, 이 밤이 나의 마지막 밤이 되었으면 하는 사람이다. 예레미야 선지자는 유다가 바벨론에게 유린당하는 그 참담한 상황 속에서도 하나님의 자비와 긍휼이 아침마다 새롭다고 고백을 하였다 (예레미야애가 3:22-23). 우리는 절망적인 상황 가운데서도 내일도 떠오를 태양을 바라보며 주님이 주신 귀한 하루를 힘차게 달려가야 한다.

"여호와의 인자와 긍휼이 무궁하시므로 우리가 진멸되지 아니함이니이다 이것들이 아침마다 새로우니 주의 성실하심이 크시도소이다"(예레미야애가 3:22-23).

매일 밤마다 내일 임할 주님의 새로운 은혜와 새로운 희망을 기대하십시오.

06

꿈을 소유하라

불로장생이나 로또 당첨과 같이 허황되고 무모한 꿈이 아니라면 꿈처럼 좋은 것은 없다. 하나님께서 인간에게 주신 최고의 선물 가운데 하나가 꿈이다. 그래서 꿈을 꾸는 만큼 인간은 발전하게 되어 있고, 실제로 가늠할 수 없는 큰 꿈을 가진 사람들을 통해 인류가 발전해 왔다. 환경에는 차별이 있지만 꿈에는 차별이 없다. 꿈은 누구나 환경과 조건에 구애받지 않고 꿀 수 있어서 좋고, 성별과 나이와도 관계가 없어서 좋다.

환경을 극복한 세계적 바이올린 명장과 나이를 초월해 세계적인 화가가 된 할머니, 두 사람의 꿈을 소개해 본다.

재일동포인 진창현씨는 동양의 스트라디바리우스라고 불릴 정도로 세계적인 악기 명장이었다. 진창현씨는 일본 후지TV에서 '해협을 건너는 바이올린'이라는 특집극으로 그의 일대기가 방영된 적이 있으며, 우리나라에서도 광복절 특집으로 방송된 바 있다. 그가 만든 바이올린은 최소 1억 원이 넘는데 얼마나 인기가 높았는지, 그가 살아있었을 때는 평균적으로 5년 치의 작업물량이 항상 확보되어 있을 정도였다.

진창현씨는 14살에 단신으로 일본으로 건너가 온갖 고생을 하며 공부를 했다. 메이지대 영문과에 재학 중이던 어느 날, 학교 강당에서 바이올린의 신비에 대한 강연을 듣고 그때부터 '스트라디바리우스' 제작에 대한 꿈을 가졌다. 그리고 꿈을 이루기 위해 일본의 바이올린 장인들을 무수히 찾아갔지만 그 누구도 조선인인 진창현을 제자로 받아주지 않았다. 그래서 혼자 독학하면서 산속에 오두막을 짓고 하루 종일 조각도와 씨름을 했다. 그렇게 매일 새벽 2-3시까지 피와 땀을 쏟으며 바이올린을 만들었다. 그래서 1976년 12월, 미국 필라델피아에서 열린 제2회 '국제 바이올린 비올라 첼로 제작 경연대회'에서 그는 6개 부분 중 5개 부문의 금메달을 차지하면서 세계적인 명장의 칭호를 받게 되었다.

무시와 차별, 가난과 스승의 부재 등 수많은 역경이 있었지만 그는 그것을 극복하고 혼자의 힘으로 세계 최고의 바이올린 명장이 되었다. 그가 만든 바이올린은 스트라디바리우스의 80%까지 근접할 정도라는 높은 평가를 받고 있다.

그는 인터뷰에서 이렇게 말했다.

"역경이 오늘의 나를 만들었다. 일본의 바이올린 제작자들보다 나는 세 배 더 깊이 생각하고, 세 배 더 연구하고, 세 배 더 노력하면서 그들보다 3분의 1밖에 자지 않았기에 일본의 장인들을 앞 설수 있었다."

어떻게든 바이올린 명장이 되겠다던 꿈이 그를 그렇게 만든 것이다.

미국의 안나 메리 로버트슨이라는 화가는 78세 때 처음 그림을 그리기 시작했다. 미술교육을 받은 적도 없는 이 할머니는 78세에 화가가 되려는 꿈을 꾸었다. 그래서 미술을 공부하며 그림을 시작한 할머니는 자신이 자란 시골의 경치, 썰매 타는 풍경이나 추수감사절 정취 등을 그림으로 그렸다. 그리고는 그 그림을 동네 약국에 걸어놓았다.

어느 날 그곳을 지나던 미술품 수집가인 루이스 캘도어가 할머니가 그린 그림들의 뛰어난 작품성을 발견하고는 뉴욕 미술계에 소개하여 할머니는 본격적인 화가의 길로 들어서게 된다. 농촌의 일상을 정교하게 표현한 그림인데다 할머니의 지긋한 나이와 소박한 인격 등이 어우러져 이내 할머니의 작품들이 주목을 받게 되면서, 미국의 대표적인 민속화가가 된다.

할머니 화가는 100세 때까지 매년 평균 73점의 작품을 남길 정도로 왕성한 활동을 하다 101세에 세상을 떠났다.

그리스도인이라면 나이와 환경에 상관없이 반드시 꿈을 소유해야 한다. 우리가 꾸는 꿈에는 세상이 줄 수 없는 무한한 능력이 담겨져 있다(빌립보서 4:13). 하나님께서는 우리의 꿈을 통해 일하신다는 것을 잊지 말아야 한다. 그러므로 꿈이 없다면 꿈을 달라고, 받은 꿈이 있다면 그것을 이룰 수 있는 길을 열어달라고 언제나 기도 가운데 있어야 한다.

"그 후에 내가 내 영을 만민에게 부어 주리니 너희 자녀들이 장래 일을 말할 것이며 너희 늙은이는 꿈을 꾸며 너희 젊은이는 이상을 볼 것이며"(요엘 2:28).

삶의 목표가 있는지 점검해 보고 그 목표가 이루어지길 주님께 기도하십시오.

자녀들에게 꿈을

 한 인생에 걸쳐 다양한 시기의 꿈이 있지만 특히나 어린 시절의 꿈은 무엇보다 중요하다. 요셉을 보더라도 어렸을 때 가졌던 꿈이 있었기에 전체 인생과정에 걸친 모진 시련과 고난 속에서도 굴하지 않고 이겨나갈 수 있었다. 꿈은 그 사람을 이끌어 간다. 우리 주위에 봐도 성공한 사람들에겐 대부분 어려서부터 꿈이 있었던 것을 볼 수 있다. 그래서 꿈의 중요성은 아무리 강조해도 지나치지가 않다.

우리나라에 유명한 농업박사로 건국대부총장을 지낸 류태영 박사가 있다. 류태영 박사는 전북 임실의 두메산골마을에서 머슴의 아들로 태어났는데, 얼마나 가난한지 끼니를 굶을 때가 아닐 때보다 많았다. 원체 가난해 공부조차 할 수 없어 그의 장래는 희망이 없어 보였다. 그러나 그의 곁에는 믿음 좋은 어머니가 계셔서

늘 이런 말을 해 주었다.

"태영아! 하나님을 의지하면 하나님께서 너를 훌륭한 사람으로 만들어주실 것이다. 아무리 가난해도 하나님만 열심히 믿으면 되니 꿈을 가져라."

그는 어렸을 때부터 어머니의 손을 잡고 새벽기도를 다녔는데, 어느 날부터 가난한 농촌을 부흥시키는 농업박사가 되겠다는 꿈을 갖게 되었다. 당시 세계 최고의 농업국가는 유럽의 덴마크였다. 류태영은 새벽마다 기도했다.

"하나님! 덴마크에 가서 공부하게 해 주세요."

너무 가난해서 초등학교도 간신히 졸업했기에 덴마크에 가서 공부를 한다는 것은 누가 봐도 불가능한 일이었다. 그렇지만 그는 꿈이 이루어질 줄 믿고 기도하며 끝까지 포기하지 않았고 꿈을 위해 서울로 올라와 구두를 닦고 신문을 팔고, 아이스크림을 팔면서 어렵게 공부를 했지만 마음속의 꿈은 포기하지 않았다. 새벽마다 자기가 덴마크에서 공부하는 모습을 그리며 기도를 했다. 그러던 어느 날 덴마크 왕에게 편지를 썼다.

"가난한 한국의 학생인데 공부할 수 있도록 도와주세요."

그랬더니 편지를 보낸 지 40일 만에 왕으로부터 직접 답장이 왔다. 유학을 허락하며 그것도 장학생으로 공부할 수 있게 해주겠다는 내용이었다. 기적 같은 일이 벌어진 것이다. 요셉이 17살에 형들에 의해 미디안 상인들에게 팔려가 13년 만에 애굽의 총리가 되었듯이, 류태영 박사 역시 덴마크 유학의 꿈이 13년 만에 이뤄졌다. 그는 덴마크에 가서 열심히 공부했고 또 이스라엘에서도 연구를 해 우리나라 최고의 농업박사가 되었다.

70년 대 새마을운동이 그의 작품이며, 우리나라 농촌이 부흥하는데 있어 결정적인 역할을 했다. 어린 시절의 꿈이 그를 그렇게 이끌었던 것이다. 우리의 자녀들에게도 꿈을 꾸게 하자. 그런데 꿈을 이루기 위해서는 먼저 명심해야 할 몇 가지 중요한 원칙이 있다.

첫째, 세상의 꿈이 아니라 믿음의 꿈을 꿔야 한다. 세상의 꿈은 아무리 좋아 보여도 돌아보면 허무와 절망밖에 남지 않는다. 그러나 믿음의 꿈은 다르다. 자기를 살리고 다른 사람들을 유익하게 만들며 주님을 기쁘시게 해 드린다.

둘째, 꿈을 이루기 위해서는 계획을 세우고 노력해야 한다. 세상의 꿈도 철저한 준비와 뼈를 깎는 노력 없이 이룰 수 없듯이 믿음의 꿈도 주님을 위한 거룩한 포기와 자기희생이 있어야만 한다.

셋째, 꿈을 이루기 위해 하나님의 도우심을 구해야 한다. 우리의 자녀들이 꿈을 꾸고 준비를 잘하고 노력을 하는 것도 필요하지만 가장 중요한 것은 하나님의 도우심을 위해 기도해야 하는 것이다. 아무리 좋은 꿈이라도 인간의 힘만으로는 이룰 수가 없다. 하나님의 도우심이 없이는 꿈은 성취될 수 없다.

우리의 자녀들이 이 땅에 태어나게 된 데에는 반드시 이유가 있다. 세상에 필요 없는 존재로 태어난 잉여인간은 단 한 명도 존재하지 않는다. 하나님께서는 믿음의 자녀들을 통해 이루고 싶으신 꿈이 있다. 우리는 우리의 자녀들을 향하신 하나님의 꿈이 무엇인지 진지하게 생각해 봐야 할 것이다.

"야베스가 이스라엘 하나님께 아뢰어 이르되 주께서 내게 복을 주시려거든 나의 지역을 넓히시고 주의 손으로 나를 도우사 나로 환난을 벗어나 내게 근심이 없게 하옵소서 하였더니 하나님이 그가 구하는 것을 허락하셨더라"(역대상 4:10).

 내게 복주시고, 번성케 하시는 분이 주님이심을 철저히 믿으십시오.

08

스트라우스의 꿈

미국 샌프란시스코에 가면 세계에서 가장 아름다운 현수교로 알려진 금문교(Golden Gate Bridge)가 있다. 샌프란시스코와 마린 반도를 연결하는 강철 현수교인 금문교는 미국 개척정신의 표상이기도 한데, 뉴욕의 '자유의 여신상' 못지않은 미국의 명물이 되어 해마다 9백만 명이 넘는 관광객들이 찾고 있다. 총 길이 2.7km, 폭 24.43m, 무게 88만7천 톤의 다리는 해면에서 67m의 허공에 걸려있는 데, 가운데 세워진 두 개의 교각이 받쳐주고 있다. 교각 하나의 높이는 224m로 60층 건물 높이에 해당되고, 교각 사이의 길이는 1.3km가 된다. 금문교는 미국 토목학회에서 7대 불가사의의 하나로 선정할 정도로 공사하기가 매우 어려운 다리다. 지금도 쉽지 않지만 1920-30년대의 건축기법으로는 공사하기가 불가능한 다리였다.

골든게이트 해협(Golden Gate Strait)에 다리를 놓아 보자는 이야기는 1910년경부터 있었다. 왜냐하면 짙은

안개와 사나운 조수, 거센 바람으로 그 해협을 통과하는 선박들이 많은 어려움을 겪었기 때문이다.

그러나 골든게이트 해협은 태평양과 만이 만나는 곳이기에 간만의 차가 커서 집채 같은 파도가 자주 일어나고 해류가 대단히 빠르며 수심이 120미터나 된다. 거기다 지진대에서 13km 정도로 근접해 있는 지정학적 위치까지 겹쳐 다리 건설이 불가능하다고 생각됐다.

그런데 다리가 세워질 수 있다고 믿은 사람이 있었다. 케이블 기술자이며 토목 기술자인 조셉 스트라우스(Joseph Strauss)로, 이미 400여개의 다리를 설계한바 있었다.

1921년부터 금문교를 세우겠다는 꿈을 마음에 품고는 설계도를 들고 후원자들을 찾아다녔다. 그렇지만 누구하나 그의 계획에 귀를 기울이는 사람이 없었다. 오히려 많은 전문가들은 강한 조수에 다리가 견디지 못할 것이 뻔하고, 또 다리가 놓이면 주위 경관을 해쳐서 땅값만 떨어뜨릴 것이라고 반대했다. 시작되지도 않은 프로젝트를 중지하라는 소송 건수만 2,000건이 넘었다. 그럼에도 그는 조금도 굴하지 않고 자기의 꿈을 이루기 위해 후원자들을 물색했는데, 그렇게 노력을 하던 10년

째 되던 1930년에 드디어 공사비를 위한 공채발행이 승인이 되었다. 그러나 기쁨도 잠시, 미국을 휩쓴 대공황으로 아무도 공채를 사려하지 않아 초기 공사비에 충당하려던 600만 달러 모금에 실패했다.

그럼에도 그는 낙심하지 않고 미국은행(Bank of America)의 설립자인 지아니니(A.P. Giannini)를 찾아간다. 지아니니는 스트라우스에게 딱 한 가지를 물었다.

"다리가 얼마나 지속될 수 있습니까?"

스트라우스는 이렇게 대답했다.

"영원히…, 관리만 제대로 되면 영원히 지속됩니다."

지아니니는 스트라우스의 확신에 찬 대답에 공채를 모두 매입한다. 스트라우스의 말만 듣고 그의 꿈을 산 것이다.

금문교는 1933년부터 공사가 시작돼 4년만인 1937년 5월에 완공이 됐다. 총 공사비 3천5백만 달러, 요즘 돈으로 환산하면 12억 달러가 들어갔다. 애석하게도 스트라우스는 금문교 완공을 몇 개월 앞두고 심장마비로 생을 마감하는데, 그의 마지막 말이 인상적이었다.

"공사가 아직 끝나지 않았다."

자기가 죽어도 금문교는 계속 공사를 해야 된다는 말로 사나 죽으나 오직 금문교 생각이었다. 비록 그는 죽었지만 금문교 완공으로 그의 꿈은 이루어졌다.

하나님께서도 이와 같은 꿈의 사람들을 찾고 계신다. 주 안에서 꾸는 믿음의 꿈은 세상적으로 불가능해 보일지라도 반드시 성취된다. 사람으로는 할 수 없지만 하나님께서는 다 하실 수가 있으며(마태복음 19:26), 주님께는 능치 못할 일이 없으시기 때문이다(예레미야 32:17). 주안에서 멋진 꿈을 꾸고 더욱 높이 비상하는 우리 모두가 되기를 소망한다.

"예수께서 그들을 보시며 이르시되 사람으로는 할 수 없으나 하나님으로서는 다 하실 수 있느니라"(마태복음 19:26).

 전능하신 하나님이 도와주심을 믿고 꿈을 향해 다시 도전하십시오.

09

새로운 길을 향해

새로운 시작은 언제나 사람의 마음을 설레게 만든다. 특히나 새해가 되면 사람들은 무언가 새로운 기대감을 갖고 미래를 바라본다. 그러나 사실 새해라고 해서 겉으로 보기에 달라진 것은 아무것도 없다. 해는 여전히 동쪽에서 뜨고 서쪽으로 진다.

우리 역시 똑같은 집에서 살고 똑같은 일터에서 일을 하고 하루 세끼의 식사를 한다. 달라진 것은 거의 없다. 솔로몬이 말한 것처럼 본질적으로 해 아래는 새 것이 없다. 그럼에도 불구하고 한 가지 분명한 것은 하나님이 부르실 때까지 우리는 우리에게 주어진 인생길을 걸어가야 한다는 것이다.

또 중요한 것은 우리가 가야할 새해의 길은 이전에 가본 적이 없는 미지의 길이라는 것이다.

여호수아 3장 4절에 보면 요단강을 앞에 두고 하나님께서 이런 말씀을 하신다.

"너희가 이전에 이 길을 지나보지 못하였음이니라."

전에는 가보지 못한 길, 처음 발을 내딛는 길이라는 이 하나님의 말씀은 출애굽한 이스라엘 백성들에게만 해당되는 것이 아니라 지금 시대를 사는 우리들에게도 적용되는 말씀이다. 우리 역시 가보지 못한 길을 지나왔고, 그리고 새로운 길을 가야만 한다. 인간이란 살아 숨쉬고 있는 한, 새로운 길을 향해 나아가야만 하는 존재다. 그리고 그 과정에서 늘 어느 길인가는 선택해야 한다. 좁은 의미로 보면 세상에는 두 길만이 있다.

'가는 길'과 '가지 않은 길', 로버트 프로스트는 '가지 않은 길'이라는 시에서 이렇게 말한다.

「단풍 든 숲 속에 두 갈래 길이 있었습니다

몸이 하나니 두 길을 가지 못하는 것을 안타까워하며, / 한참을 서서 낮은 수풀로 꺾여 내려가는 한쪽 길을 / 멀리 끝까지 바라다보았습니다 그리고 다른 길을 택했습니다 / …… 오랜 세월이 지난 후 …… / 숲 속에 두 갈래 길이 있었고, 나는 사람들이 적게 간 길을 택했다고 / 그리고 그것이 내 모든 것을 바꾸어 놓았다고」

이 시는 프로스트가 실의에 빠져 있던 20대 중반에 쓴 시다. 변변한 직업도 없었고, 문단에서 인정받지도 못했던 때였으며 거기다 병까지 들어 여러모로 낙망하던 때였다. 그런데 그의 집 앞에는 숲으로 이어지는 두 갈래 길이 있었다. 우연히 그 길을 보던 중 자신이 살아온 인생을 돌아보며 프로스트는 이 시를 썼다.

우리 각자는 인생이라는 이름 아래 홀로 한 길만을 걸어야 한다. 그 누구도 동시에 두 길을 걸을 수 없다. 프로스트는 낙엽이 물든 숲 속으로 난 두 갈래 길을 보았다. 두 길 위에는 똑같이 낙엽이 쌓여 있었는데, 차이는 한 길은 많은 사람들의 발자국이 있었고 다른 한 길은 발자국이 적었다. 프로스트는 사람들이 적게 간 그 길을 선택하기로 했고, 그 길은 그의 인생을 바꿔 놓았다.

우리 그리스도인들이 가는 길 역시 많은 사람들이 가는 넓은 길이 아니다. 적은 사람들만이 가는 좁은 길이다. 예수님의 말씀대로 생명으로 인도하는 길은 좁고 그리로 가는 사람들이 적다(마 7:14). 우리가 가는 길은 세상 사람들이 가는 길과는 다르다. 외롭고 힘들고 고

독하다. 감사하게도 우리에게 위로가 되는 것은 우리가 가는 길이 전혀 미지의 길은 아니라는 것이다. 우리보다 앞서 예수님께서 그 길을 가셨기 때문이다.

예수님은 아무도 가지 않는 길을 가셨다. 우리를 구원하시기 위해 십자가를 지시고 홀로 걸어가셨다. 고난과 수난으로 가득 찬 그 길이지만, 생명의 길이기에 가신 것이다. 우리 역시 그 길을 가야 한다. 두려워 할 필요는 없다. 주님은 우리가 걷는 그 길 위에 함께 계셔서 잘 걸을 수 있도록 힘주시고 능력을 주시기 때문이다. 어떤 새로운 시작이든 임마누엘의 주님을 믿고 우리 앞에 있는 새로운 길을 두려워 말고 힘차게 달려 나가자.

"좁은 문으로 들어가라 멸망으로 인도하는 문은 크고 그 길이 넓어 그리로 들어가는 자가 많고 생명으로 인도하는 문은 좁고 길이 협착하여 찾는 자가 적음이라"(마태복음 7:13,14).

 믿음생활이 힘들더라도 주님이 함께 하심을 믿고 계속 전진 하십시오.

10

호텔왕 힐튼의 꿈

호텔왕 힐튼이 세운 힐튼호텔은 현재 76개국에 540개가 넘는 호텔 지점을 두고 있고, 다수의 항공사 및 차량 임대 업체와 제휴를 맺고 있다. 힐튼 제국이라고 할 정도로 어마어마한 규모를 자랑하고 있다. 그런데 힐튼은 이러한 성공을 무일푼에 오직 꿈 하나만 가지고 이루었다.

1887년 12월 27일 미국 뉴멕시코 주 샌안토니오의 허름한 오두막집에서 노르웨이 출신의 이민자 아버지와 독일 계통의 어머니 사이에서 힐튼이 태어났다.

그의 아버지는 여러 사업에 손을 댔지만 번번이 실패하여 힐튼은 가난한 어린 시절을 보낼 수밖에 없었고, 그래서 어려서부터 생계에 뛰어들어 여러 직업을 전전하였다. 그러다 군복무를 마치고 자기 사업을 시작하고 싶어 단돈 50달러를 들고 석유개발로 한창 활기를 띠고 있는 텍사스로 갔다. 거기서 그는 호텔에 취직해 벨보이가 되었는데, 그가 다른 벨보이들과 달랐던 점은 딱 하나 그에겐 확실한 꿈이 있었다는 사실이다.

힐튼은 자신이 바라는 당시 가장 큰 호텔의 사진을 구해 책상 위에 붙여놓고는 그 호텔의 사장이 된 자신의 모습을 꿈꿨다. 그 사실을 알던 사람들은 벨보이가 무슨 호텔을 짓나며 비웃었을 지도 모른다 그러나 훗날 그 꿈대로 그는 정말로 호텔왕이 되었다.

물론 그 과정이 순탄했던 것만은 아니다. 힐튼은 힘겹게 모은 돈으로 모블리라는 노인이 운영하던 작은 호텔을 인수했는데 늘 객실이 부족해 어려움을 겪었다.

그러던 어느 날, 힐튼이 꿈을 꿨는데 모블리 노인이 호텔에 찾아온 손님에게 "객실이 다 찼지만 식당 테이블 위에서라도 자겠다면 그렇게 하시오."라고 하자 그 손님이 식당 테이블에서라도 잠을 자겠다고 하는 꿈이었다. 꿈에서 깬 힐튼은 곰곰이 생각하다가 아이디어를 하나 떠올렸다.

"식당을 없애고 그 자리에 침대를 놓으면 더 많은 손님을 받을 수 있겠군."

그는 다음날 목수를 불러 식당자리에 여러 개의 객실을 만들고 식탁으로 쓰던 큰 탁자들은 잘라내 신문이나 담배 등을 파는 자판기 받침대로 사용하고, 로비 한쪽에 있던 종려나무 화분 자리에는 선물을 파는 작은 가게를 꾸몄다. 식당을 없애 객실을 더 늘리고, 호텔 숙박시간에 맞춰 요금제를 정하고, 종업원에게 서비스 교육을 시키고 매일 시트와 베개를 세탁했다. 지금은 당연한 호텔의 모습이지만 당시로서는 획기적인 서비스였다.

그러자 호텔의 수익이 날로 증가해 샌프란시스코, LA, 뉴욕까지 지점을 내게 됐고, 2차 세계대전 후에는 해외에까지 진출해 '호텔왕'이라는 지금의 별명을 얻게 되었다. 성공을 이룬 뒤 그는 성공에 대해 다음과 같은 말을 남겼다.

"사람들은 흔히 재능과 노력이 성공의 보증수표라고 생각하지만 나는 다르게 생각합니다. 내가 생각하기에 성공에 가장 필요한 것은 꿈을 꾸는 능력입니다. 내가 호텔 벨보이로 일할 때 나보다 능력이 뛰어난 사람, 더 열심히 일한 사람은 많았습니다. 그러나 혼신을 다해 성공한 모습을 그렸던 사람은 나 하나뿐이었습니다."

또 힐튼은 가난했던 젊은 시절에 아테네 은행의 수위직에 지원했던 적이 있었다. 시험관이 글씨를 쓸 줄 아느냐고 묻자 그는 자신의 이름밖에 쓸 줄 모른다고 대답해 불합격이 되었다. 훗날 호텔왕으로 성공해서 기자회견을 했을 때, "자서전이나 회고록을 쓸 생각은 없으십니까?"라고 기자가 물었는데, 그는 그때 "나는 글씨를 쓸 줄 모릅니다. 내가 글씨를 알았다면 지금도 은행 수위로 있었을 겁니다."라고 대답했다.

자신에게 없는 재능이나 열악한 환경에 불평하거나 낙심하지 말고, 힐튼처럼 뚜렷한 자신만의 꿈을 갖는 게 중요하다. 확실한 꿈을 가지고 열심히 정진하게 되면 어느날 힐튼처럼 그 꿈대로 이뤄진 자신을 발견하게 된다.

"형제들아 나는 아직 내가 잡은 줄로 여기지 아니하고 오직 한 일 즉 뒤에 있는 것은 잊어버리고 앞에 있는 것을 잡으려고 푯대를 향하여 그리스도 예수 안에서 하나님이 위에서 부르신 부름의 상을 위하여 달려가노라"(빌립보서 3:13,14).

과거의 성공과 실패를 잊어 버리고, 주님이 주신 목표를 향해 전력질주 하십시오.

룰라 대통령의 희망이야기

 2010년을 임기로 대통령직을 퇴임한 브라질의 룰라 대통령은 일본 니혼게이자이신문이 2010년 세계 최고의 대통령으로 선정할 정도로 뛰어난 대통령이었다.

룰라는 대통령 재직 시 세계언론으로부터 전 세계 최고의 지도자로 평가를 받았는데 미국의 오바마 대통령 같은 경우에는 룰라를 자신의 우상으로 삼을 정도로 뛰어난 인물이다. 퇴임 당시에도 87%나 되는 절대적 지지를 받은 룰라 대통령은 8년 동안 브라질 국민들의 전폭적인 지지와 존경을 받았다.

2002년에 브라질 대통령에 당선돼 2006년 재임되었는데, 당선된 후 브라질을 비약적으로 성장시켜 세계 8위의 경제대국이 되게 했고, 2014년 월드컵과 2016년 올림픽 유치를 해 브라질 국민들의 자긍심을 고취시켰다.

이렇게 룰라가 대통령이 되고, 빈곤과 부패가 만연하던 브라질에 경제발전과 사회적 안정을 가져오게 한데

는 절망을 딛고 희망을 바라보며 달려온 룰라 자신의
인생여정을 빼놓을 수가 없다. 룰라의 삶 자체가 가난하
고 어려운 사람들에게 희망의 메시지라고 할 수 있다.

그는 1945년 브라질의 북동부 페르남부쿠주에서 가
난한 농부의 8남매 중 7번째로 태어났다. 그가 태어난
마을은 5살을 넘기기 어려울 정도로 악명 높은 극빈지
역이었다. 그는 찢어지게 가난한 집안 형편 때문에 물
한 모금 마시기도 힘들어 길거리에 고인 흙탕물의 흙을
가라앉혀 목을 축였고, 누군가가 씹다 버린 껌도 허기
를 면하기 위해 먹었다. 이렇게 집안이 어렵다보니 룰라
는 10살이 되어서야 초등학교에 입학할 수 있었는데, 그
것도 가정 형편 때문에 4학년 때 학교를 그만둘 수밖에
없었다. 어려서부터 경제학자가 꿈이었지만 포기할 수
밖에 없었고, 그래서 세계에서 가장 위대한 지도자라고
칭송을 받은 그의 학력은 고작 초등학교 4학년이 전부
이다.

학교를 자퇴한 그는 생계를 위해 상파울루로 나가 행
상과 구두닦이를 하며 돈을 벌게 되는데, 14살 되던 해

금속공장에 취직을 하게 된다. 그러다 18세 때 직장에서 사고로 왼쪽 새끼손가락을 잃고, 26세 때 임신 8개월인 아내를 잃는다. 만삭이 된 그의 아내는 돈이 없어 치료 한번 제대로 받지 못한 채 뱃속의 아이와 함께 세상을 떠나고 말았다. 룰라는 싸늘하게 식은 아내의 시신을 부둥켜안고 절규했다. 그러나 그는 그런 절망적인 환경 속에서도 삶에 대한 희망을 놓지 않았다.

또, 더 나은 브라질을 꿈꾸며 노동운동에 나섰다. 1975년 브라질 철강노조 위원장에 당선되고, 1986년에 연방 하원의원이 된 후, 1989년, 1994년, 1998년 대선에 출마를 한다. 연거푸 3번이나 낙선했지만 좌절하지 않고 2002년, 자신의 57번째 생일날인 10월 27일에 드디어 브라질 대통령에 당선이 된다. 가난하고 못 배운 구두닦이 소년이 2억의 남미 대국 브라질을 통치하는 대통령이 된 것이다. 그의 불굴의 의지와 할 수 있다는 희망적 생각이 그를 대통령의 자리에 서게 한 것이다. 그의 당선 소감은 "희망은 두려움을 이긴다."였다. 퇴임사 역시 "내 꿈과 희망은 서민의 영혼과 가난, 그리고 어떤 어려움도 이겨낼 수 있다는 확신에서 나온 것이다."였다.

이처럼 대통령직을 수행한 기간 뿐 아니라 그의 삶 전체를 지배하는 것은 희망이었다. 그래서 그는 희망이 없던 브라질에 새로운 길을 만들 수 있었다. 좌절과 고통뿐이며 도움만을 받기 원했던 2억의 국민들을 스스로 일어서게 했다. 학력, 재력, 신분 등 모든 것에서 내세울 것 없던 그가 세계 5위의 인구 대국인 브라질 국민들의 패배의식을 희망의식으로 바꾸어 놓은 것이다. 지금까지 많은 뛰어난 사람들이 대통령이 됐지만 아무도 하지 못했던 일이다.

예수님이 능력을 주심으로 못배우고 천한 열두 제자가 사도로 쓰임 받은 것처럼 이런 일이 우리에게도 일어날 수 있다는 것을 알아야 한다. 우리 역시 오늘도 내일도 변함없이 힘주시는 주님을 바라보고 희망을 잃지 않는다면 주님께서 반드시 차고도 넘칠 은혜와 축복을 부어주신다.

"... 야곱의 하나님을 자기의 도움으로 삼으며 여호와 자기 하나님에게 자기의 소망을 두는 자는 복이 있도다"(시편 146:5).

지금 내가 누구를 의지하며 살고 있는지 살피고, 철저히 주님만 의지하기를 다짐 하십시오.

희망전도사 닉부이치치

닉 부이치치는 심한 장애를 가지고
태어났음에도 비영리단체인 '사지 없
는 인생'(Life without Limbs)을 만
들어 전 세계를 다니며 많은 사람들
에게 용기와 희망을 불어넣고 있다. 닉은 호주 브리즈번
에서 목사의 아들로 태어났는데 머리와 몸, 작은 왼발
과 발가락 두 개가 전부인 선천적 장애를 갖고 태어났
다. 매우 심각한 장애였지만 학교에 입학한 6살이 되었
을 때 비로소 자신이 남들과 다르다는 것을 알게되었고
처음에 그 사실을 알았을 때 매우 큰 충격을 받아 하나
님께서 자기를 버렸다고까지 생각했다. 자기가 봐도 너
무나 심한 장애였기에 닉은 삶에 대한 의지를 잃었다.
그래서 8살의 어린 나이에 자살에 대해 생각했고, 10살
때 물이 가득 찬 욕조에 몸을 던지기까지 했다.

그러나 신실한 그의 부모님은 그런 그의 마음을 붙들
어주었고, 날마다 성경을 읽어 주며 하나님께서 그를 얼

마나 사랑하시는가에 대해 말씀해 주었다. 그리고 이런 부모님의 노력 덕분에 닉 부이치치는 15살 때 요한복음 9장을 읽다 하나님을 깊이 만나게 된다.

나면서 소경된 자가 하나님의 영광을 나타내기 위해 태어났다는 성경 말씀을 읽는 순간, 닉은 자신이 팔 다리 없이 이 땅에 태어난 것이 하나님의 뜻임을 알게 되었다. 하나님께서 소경을 향해서 계획을 가지고 계신다면 자신을 향해서도 틀림없이 특별한 계획을 가지고 계실 것이라고 믿었다. 이 사실을 깨달은 뒤에 닉은 하나님께서 자신을 고쳐주시지 않더라도 예수님을 믿겠다는 고백을 했다. 그리고 그 후 그의 삶은 180도 변하게 된다. 평생 없는 것에 대해서 분노하는 것이 아니라 있는 것에 감사하면서 살겠다고 결심하면서 도전하는 인생으로 변한 것이다. 그래서 수영, 축구, 농구, 서핑과 같은 거친 스포츠도 즐기게 되었고, 각고의 노력 끝에 그는 특별한 장치와 왼쪽 발에 있는 두 발가락을 사용해 글씨도 쓸 수 있게 되었다. 또한 발뒤꿈치와 발가락을 이용해 컴퓨터의 자판을 치는 법도 터득하게 되었고, 테니스공을 던지거나 전화응답, 면도나 컵에 물 따라 먹는 많은 일들을 보통 사람들처럼 할 수 있게 되었다.

닉은 19살 때부터 청소년 집회에서 간증을 하기 시작했는데 지금은 전 세계를 다니며 강의를 하는 세계적인 명강사가 되었다. 우리나라에도 2번 와서 여러 교회를 다니며 하나님의 사랑을 간증하기도 했다. 닉은 자신의 강연을 통해 한 사람이라도 하나님을 알게 되고 인생의 가치를 발견하게 하는 것이 가장 큰 기쁨이라고 말한다.

닉 부이치치가 모든 강연을 통해서 항상 강조하는 것이 한 가지 있다. 과거와 현재가 아무리 어둡고 암울하다고 하더라도 미래가 어떻게 바뀌어 질지는 아무도 알수 없기에 절대로 포기해서는 안 된다는 것이다. 포기하지 않는다면 분명히 희망이 있다는 것을 그는 그의 장애를 통해, 또 살아온 삶을 통해 깨달았다. 그러면서 인간의 행복의 원천은 세상의 일시적인 쾌락에 있는 것이 아니라 하나님께 있음을 알고 하나님 안에서 참된 행복을 찾으라고 사람들에게 말한다.

사소한 불편이나 상대적인 부족감을 보며 불평하는 사람들, 작은 실패에도 남을 원망하며 금방 포기하는 사람들이 있다면 닉 부이치치를 보며 배워야 한다. 그는 팔다리가 없어도 있는 것에 감사하며 보통 사람들보다 더 많은 활동을 하고 더 보람 있게 살고 있다.

요즘 우리 사회는 성공제일주의, 외모지상주의가 뿌리깊게 자리잡고 있어 교인들의 마음까지도 사로잡고 있다. 그러다보니 남보다 부족하거나 실패하게 되면 부끄러운 일로 치부해 쉽게 절망하며 감추다가 심지어 극단적인 생각까지 하는 사람들도 많다. 그러나 이런 외적인 환경과 성공이 세상사람들에게는 중요할지 몰라도 인생의 주인이신 하나님에게는 중요하지 않다. 비록 세상의 환경이 절망스럽다 해도 믿음의 사람은 구원의 하나님 한 분 만으로 만족하고 어떤 환경에서도 감사하고 기뻐해야 한다. 아무리 못난 인생도 하나님께서 이 땅에 보내실 때는 다 뜻과 계획이 있다는 것을 믿고 그것을 인정하고 감사하며 살아야 한다. 하나님께서 위대한 인생으로 이끌어주실 것을 오늘도 믿으며 순종하자.

"범사에 감사하라 이것이 그리스도 예수 안에서 너희를 향하신 하나님의 뜻이니라"(데살로니가전서 5:18).

 가장 감사하기 힘들었던 일에 대해서도 지금 감사를 고백하십시오.

꿈의 영향력

몇 년 전 미국인들에게 큰 감동을 주고 세상을 떠난 어린 소녀가 있었다. 필라델피아에서 살던 알렉산드라 스콧이라는 8살짜리 소녀였다. 알렉스라는 애칭으로 불린 이 소녀는 7년간의 힘겨운 소아암과의 싸움 끝에 지금은 하나님의 품으로 떠났는데 비록 짧은 생을 살았지만 많은 사람들에게 포기하지 않는 불굴의 의지와 하나님의 사랑의 정신을 가르쳐주었다.

알렉스는 첫 돌이 되기 이틀 전에 소아암이라는 진단을 받고 여섯 차례의 절제 수술과 셀 수 없을 정도의 방사선 치료와 약물 치료를 받았다. 계속되는 수술과 치료로 4살 때부터는 척수가 기능을 상실해서 걸을 수도 없는 심각한 상태가 되었고, 그 후 여러 차례 생명의 고비가 있었지만 어린 아이 답지 않은 강한 의지력을 발휘하여 살아날 수 있었다. 그러나 8살까지가 하나님께서 알렉스에게 허락한 생명의 기한이었고 또 어린 알렉스의 육체적 한계였다.

그러나 그런 힘든 투병 중에도 알렉스는 당찬 꿈을 품었다. 알렉스는 4살 때 그의 부모에게 뜻밖의 말을 했다.

"레모네이드를 팔아서 '내 병원'을 지을래요."

병원을 지어 자기처럼 고통 받는 아이들을 치료해 주고 싶다는 꿈이었다. 알렉스의 부모는 언제 죽을지도 모르는 딸이 그런 말을 하자 대견하기도 하면서, 한편으로는 알렉스가 처한 상황 때문에 마음이 너무 아팠다. 알렉스는 그런 부모의 마음을 알기라도 하듯 이런 말로 안심을 시켰다.

"돈이 많이 모이지 않아도 상관없어요. 어쨌든 한 번 해볼래요."

그것은 그 때부터 알렉스의 꿈이 되었고 생명의 끈이 되었다.

그 꿈을 이루기 위해 알렉스는 자기 동네에 레모네이드 판매대를 설치하고는 한 잔에 50센트씩 팔아 첫 해에 2,000달러를 모았다. 그리고 '오프라 윈프리 쇼'와 'NBC 투데이'를 통해 알렉스의 투병 내용과 레모네이드 캠페인이 알려지면서, 많은 미국인들이 감동을 받게

되었다. 그래서 '알렉스의 레모네이드 판매대 캠페인'
은 미국 전역으로 확산되었고, 나아가 프랑스와 캐나다
에서도 모금 운동이 전개 되어 죽기 전까지 75만 달러
라는 많은 돈을 모으게 되었는데, 알렉스의 부모는 그
돈을 생전에 딸이 치료받았던 필라델피아 아동병원에
소아암 퇴치기금으로 전액 기부했다. 비록 알렉스가 아
동병원설립의 꿈을 이루지 못하고 세상을 떠났지만, 대
신 많은 소아암 환자들을 살릴 수 있는 연구기금을 마
련하여 그 꿈은 계속 남아 꽃 피우게 되었다.

이 어린 소녀의 죽음을 보면서 이사야 38장 12절의
말씀이 생각났다.

"주께서 나를 틀에서 끊으시리니 조석간에 나를 끝
내시리라"

옛날 농촌에는 집집마다 베틀이 있었다. 보통 40자
짜리로 길게 짜는데 끝까지 다 짠 베를 한 필이라고 한
다. 그런데 베를 한 필 다 짜는 것처럼 우리 인생도 오
래 살다 갔으면 좋겠는데 성경은 오히려 베가 짜는 도중
에 뚝 끊어지는 것처럼 예기치 않게 죽을 수 있음을 말
한다. 그래서 어려서 죽는 사람도 있고 한창 일할 나이

인 청년기에 세상을 떠나는 사람도 있다. 그런데 정말로 중요한 사실은 오래 살고 적게 살고를 떠나서 그 사람이 삶을 살면서 품었던 꿈은 계속 남아서 영향을 미친다는 것이다. 죽은 알렉스를 보더라도 소아암 환자들의 치료를 위한 소녀의 꿈이 지금도 계속 살아 있는 것을 보게 된다.

꿈은 그 사람의 삶의 원동력이 되고, 죽은 후에도 여전히 세상에 영향을 미친다. 바울의 꿈은 많은 이방인들에게 복음을 전하는 것이었다. 비록 네로 황제에게 순교를 당했지만 바울의 그 꿈은 죽지 않고 오늘을 사는 우리들에게도 여전히 영향력을 미치고 있다. 꿈은 인생보다 길고, 무력보다 강하다.

"모든 성도 중에 지극히 작은 자보다 더 작은 나에게 이 은혜를 주신 것은 측량할 수 없는 그리스도의 풍성함을 이방인에게 전하게 하시고 영원부터 만물을 창조하신 하나님 속에 감추어졌던 비밀의 경륜이 어떠한 것을 드러내게 하려 하심이라"(에베소서 3:8,9).

성경을 잘 배워 많은 사람들에게 선한 영향력을 줄 수 있는 사람이 되길 기도 하십시오.

Ⅲ
사랑의 특종

사랑의 특종

신문 사회면을 보면 가끔 아름다운 미담들이 소개되곤 한다. 평생 모은 재산을 자선 단체에 기부하거나, 자신의 장기를 불치병 환자에게 제공하고, 또 시한부 생명으로 고통 받는 사람들을 간호하는 가슴 찡한 사랑의 이야기들을 볼 수 있다.

특별히 자신의 생명을 던져 사람을 구하려고 했던 사건은 '특종'이라 하여 대대적으로 보도 되기도 한다.

지난 2001년 일본 도쿄(東京)의 신오쿠보(新大久保) 역에서 한 취객이 발을 헛디뎌 철로에 떨어졌을 때, 그를 구하려고 선로에 뛰어들었다 열차에 죽은 한국인 유학생 이수현 씨가 그런 경우이다. 한국과 일본 언론들은 며칠 동안 그 사건을 특종으로 보도했다.

인간적으로 볼 때 자신의 생명을 던져 생판 남인 사람을 구하려고 한 그 사랑은 정말로 대단한 사랑이라고 밖에 표현할 수 없다.

요한복음 15장에 있는 대로 "사람이 친구를 위하여

자기 목숨을 버리면 이에서 더 큰 사랑이 없다"고 한 것처럼 위대한 사랑이다. 그러나 인간적인 사랑은 아무리 크더라도 잠시 감동을 줄 수 있을뿐 그 속에는 영혼을 구하거나 본질적인 삶의 문제를 해결할만한 능력이 없다. 또 사랑의 대상이나 느낌도 조건이나 상황, 기분에 따라 언제든지 변할 수 있기에 참사랑이라고는 할 수 없다.

오직 참사랑은 무조건적이고 영원히 변함없는 하나님의 사랑과 죽어 마땅한 죄인들을 살리기 위해 십자가에서 돌아가신 예수님의 사랑밖에는 없다. 또 그 사랑만이 죽음을 비롯한 모든 문제를 해결할 수가 있다. 그래서 예수님의 십자가 사랑이 인류 최고의 특종인 것이다.

보통 특종이 되기 위해서는 사람들에게 큰 감동이나 큰 충격을 줄 수 있어야 한다. 특종 기사를 잡아 보도하는 것은 보통의 노력가지고는 할 수 없기에 기자들은 특종을 잡기위해 전력을 다한다. 기자는 특종을 위해 뛰고, 특종 하는 맛에 산다는 말이 있다. 그래서 기자들은 특종을 자신의 생명보다 귀하게 여기고, 특종을 잡아낸 기자들은 그것을 알리기 위해 모든 노력을 아끼지 않는다. 때로는 특종을 잡기 위해서 생명까지 걸어야 한다.

2007년 9월, 미얀마의 최대 도시인 양곤에서 민주화 시위를 취재하다 미얀마 군경이 쏜 총탄에 맞아 죽은 APF 뉴스의 나가이 겐지처럼 말이다. 그는 평소 "아무도 가지 않는 곳에는 누군가가 가지 않으면 안된다."고 입버릇처럼 말할 만큼 투철한 기자 정신을 가지고 있었는데, 사건 당일도 위험한 줄 알면서도 취재에 나섰다가 그만 총에 맞아 쓰러졌다. 놀라운 것은 죽는 그 순간까지 카메라 셔터를 눌렀다는 것이다. 찍은 사진도 특종이었지만, 특종을 취재하려는 기자의 정신이 더욱 특종이 되어 전 세계인들의 마음에 깊은 감동을 주었다.

그러나 예수님의 십자가 사건은 온 인류가 알아야만 할 더 커다란 '사랑의 특종'이다. 그래서 우리 그리스도인들은 어떤 면에서 볼 때 예수 사랑의 생명의 소식을 전하는 기자들이라고 할 수 있다.

교회는 복음신문사이고 믿는 자들은 기자들이다. 사랑의 특종인 십자가 사건은 사망과 어둠으로 가득 차 있던 세상에 생명과 빛을 가져다주어, 인류역사를 바꾸어 놓았다. 그러므로 우리들은 그 기쁜 소식인 '사랑의 특종'을 우리 주위의 불신자들에게 열심히 전해야 한다.

좋은 기자는 구두가 닳도록 열심히 뛰어 다닌다. 주님이 부르실 그날까지 '사랑의 특종'인 예수님의 십자가 사건을 열심히 전하는 우리 모두가 되었으면 좋겠다.

"우리가 아직 죄인 되었을 때에 그리스도께서 우리를 위하여 죽으심으로 하나님께서 우리에 대한 자기의 사랑을 확증하셨느니라"(로마서 5:8).

 구원의 확신이 있는지 점검하십시오.

연리지 사랑

부부나 연인, 또는 부모 자녀 사이의 애틋한 사랑을 표현할 때 연리지 사랑이라는 말을 쓴다. 연리(連理)란 맞닿은 두 나무의 세포가 서로 합쳐져 하나가 된 것을 말하고, 연리지란 두 나무의 가지가 합쳐져 하나의 나무가 된 것을 뜻한다.

연리지가 되면 한쪽 나무가 잘려 나가도 다른 쪽 나무가 양분을 공급해 주기에 살아갈 수가 있다. 송나라 범영이 쓴 역사책 '후한서'에 이런 이야기가 실려 있다.

후한 말의 대학자인 채옹이라는 사람은 어머니가 병으로 자리에 눕자 지극 정성으로 간호를 하였다. 어머니가 돌아가시고 나서는 무덤 곁에 초막을 짓고 3년 동안 묘를 지켰다. 얼마 후 채옹의 방 앞에는 두 그루의 나무가 서로 마주보면서 자라나기 시작했는데, 차츰 두 나무는 서로의 가지가 맞붙어 마침내 연리지가 되었다. 사람들은 이를 두고 그의 효성이 지극하여 부모와 자식이 한 몸이 된 것이라고 칭송했다. 이때부터 연리지는 효의 상징으로 여겨졌다.

그러나 지금은 부모 자식 간의 사랑보다는 남녀 간의
사랑을 비유할 때 더욱 많이 쓰인다. 그것은 당나라 시
인 백거이가 쓴 '장한가(長恨歌)'때문이다. 그 시에서
백거이는 당현종과 양귀비의 애절한 사랑을 연리지에
비유했다. 그 후 연리지는 남녀 사이의 애틋하고 변함없
는 영원한 사랑을 의미하는 말이 되었다.

인간의 사랑을 나무에 비유한 것은 생물학적으로 어
느 정도 근거가 있는 말이다. 전남대 김월수 교수가 쓴
'과일나무 이야기'라는 책에 보면 나무에도 감정이 있
다. 나무도 인간처럼 스트레스를 받고, 충치도 앓으며,
사춘기도 겪는다는 것이다. 심지어 고혈압과 빈혈증세
도 나타나며, 거기다 인접한 나무와 진한 사랑도 나눈
다고 한다. 그것이 인간이 나누는 그러한 사랑의 감정은
아니겠지만 말이다. 여하튼 두 나무가 하나의 나무가 되
는 연리지는 우리에게 참된 사랑이 무엇인가를 보여주
기에 충분하다.

성경을 보더라도 하나님의 사랑으로 곁가지며 돌감람나무였던 이방인들이 원가지며 참감람나무인 유대인들에게 접붙임이 되어 하나님의 백성이 되었음을 볼 수 있다. 이방인과 이스라엘이 하나가 되는데 있어 결정적인 요인은 그리스도의 십자가 사랑이다. 사실 하나 됨은 성경이 가르치는 중요한 교훈 중의 하나이다. 하나님은 성부·성자·성령의 삼위가 계시지만 한 분이시고, 부부도 두 몸이 하나이며 교회도 그리스도와 성도들이 하나가 된 유기체다. 중요한 것은 그 하나 됨의 중심에 사랑이 있다는 것이다.

미국에서 실제로 있었던 이야기이다. 어느 젊은 부부가 등산을 갔다. 가파른 산을 한참 올라가고 있었다. 남편은 조금 앞서 가고, 아내는 남편의 뒤를 따랐다. 그런데 산 정상으로부터 큰 바위가 남편과 아내 쪽을 향해 굴러 내려왔다. 남편은 그 바위를 보고 몸을 피하면서 아내를 향해 피하라고 외쳤다. 아내는 당황해서 그런지 발을 떼지 못하다가 그만 나무뿌리에 걸려 넘어지고 말았다. 일촉즉발의 위기의 순간, 남편은 급히 아내 쪽으로 뛰어와 아내를 밀쳐냈다. 그래서 아내는 그 바위를 피할 수 있었다. 생명을 구한 것이다. 대신 남편은 바위에 머리를 맞아 그 자리에서 숨을 거두고 말았다. 슬프지만 얼마나 지극한 사랑인가. 이것이 바로 연리지 사랑이다. 사랑하는 사람을 구할 수만 있다면 자신의 생명까지도 내어 놓을 수 있는 것, 그것이 연리지 사랑이다.

예수님을 보라. 우리를 너무도 사랑하셨기에 십자가에서 생명을 바치셨다. 생명을 던져 영원한 생명을 주신 것이다. 그 무엇으로도 끊을 수 없는 그 지극한 사랑을... 그래서 우리는 하나님의 자녀가 되었고 그리스도와 하나가 되어 영원히 하나님의 사랑을 받는 고귀한 존재가 된 것이다. 그 사랑을 우리는 하루도, 아니 한시도 잊고 살아서는 안 되며 때를 얻든지 못 얻든지 다른 사람들에게 전하는 삶을 살아야 한다.

"누가 우리를 그리스도의 사랑에서 끊으리요 환난이나 곤고나 박해나 기근이나 적신이나 위험이나 칼이랴"(로마서 8:35).

요즘 어떤 일로 두려워하고 있다면 위 로마서 8장 35절 말씀을 마음을 다해 10번 반복해 읽으십시오.

03

칭기즈칸의 순애보

2012년 우리나라의 조이혼율(Crude Divorce Rate)은 1,000명당 한 해에 2.3건이다. 3.6건을 기록한 미국에는 못 미치지만 상당히 심각한 수치다. 통계 수치대로 하면, 결혼했던 4쌍 중 1쌍 이상이 결혼식 때 검은 머리가 파뿌리가 될 때까지 함께 살겠다고 다짐한 그 약속을 지키지 못한 것이 된다. 참으로 안타까운 일이 아닐 수 없다.

1995년 '워싱턴 포스트' 지는 밀레니엄 특집 기사에서 지난 천년간 세계 역사에서 가장 영향력을 끼친 인물로 아시아와 유럽에 걸쳐 몽골 대제국을 건설한 칭기즈칸을 들었다.

위대한 정복자로 잘 알려져 있는 칭기즈칸은 자신의 아내인 부르테를 목숨 바쳐 사랑한 순애보로도 유명하다. 순애보란 상대를 위해 목숨까지 바치는 사랑을 말한다.

칭기즈칸은 성년이 되어 옹기라트의 지도자인 데이

세첸의 딸 부르테와 결혼을 했다. 그런데 얼마 안 돼 메르키트족이 쳐들어와 아내를 빼앗아가고 만다. 칭기즈칸은 즉시 아내를 되찾고 싶었지만 그럴만한 힘이 없었다. 사랑하는 부르테를 빼앗긴 칭기즈칸은 심장이 터져나가는 괴로움으로 잠을 이루지 못했다.

얼마 후 그는 죽을 각오를 하고 부르테를 구하기로 결심한다. 한밤중 칭기즈칸은 옹칸과 함께 메르키트족을 기습한다. 칭기즈칸은 달리는 말 위에서 사랑하는 부르테의 이름을 목이 터지도록 부른다. 마차를 타고 도망가던 부르테는 단번에 그 목소리의 주인공이 칭기즈칸인 것을 알았다. 마차에서 뛰어 내린 부르테는 칭기즈칸에게로 달려가고 두 사람은 은은한 달빛 아래 누가 먼저라고 할 것 없이 서로를 끌어안고 기쁨의 눈물을 흘렸다.

그런데 이야기는 여기서 끝이 아니다. 부르테의 몸속에는 불행하게도 적장의 아이가 자라고 있었다. 보통의 남자 같으면 아무리 사랑하더라도 일단 불같은 화가 먼저 났을 텐지만 칭기즈칸은 달랐다. 자기 아이가 아니지만 그 아이를 '주치'라고 이름 짓고 장남으로 인정하고 사랑한다. 그리고 남의 아이를 낳은 부르테 역시 아내로서 변함없이 사랑한다. 칭기즈칸은 죽을 때까지 50년 동안 부르테를 아끼고 존중하며 사랑하다가, 부르테 곁에서 세상을 떠난다. 이 얼마나 아름다운 사랑 이야기인가?

과연 남자들 중에 칭기즈칸 같은 경우가 닥쳤을 때, 아내를 위해 목숨 걸고 구하러 가고, 목숨 걸고 구했던 사랑하는 아내가 남의 아이를 가졌지만 그 아이도 내 자식으로 받아들이고, 또 아내도 평생 사랑할 수 있는 남자가 몇이나 되겠는가?

칭기즈칸은 비록 그리스도인은 아니지만 성경적 남편의 모습을 보여주었다고 할 수 있다. 부부간에 있어서 가장 중요한 것은 어떤 상황 속에서도 변함없이 상대를 섬기고 사랑하며 책임지는 마음이라고 할 수 있다. 동화책에서야 왕자와 공주는 결혼해서 항상 행복하게 사는 것으로 끝이 나지만, 실제의 결혼생활은 그럴 수가 없다.

'화성에서 온 남자, 금성에서 온 여자'라는 책이 있다. 근본적으로 다른 화성과 금성 출신의 남·녀가 지구에서 새로운 삶을 시작하는 것이니, 얼마나 갈등요소가 많겠는가? 그 갈등을 잠재우고 행복하게 살 수 있는 비결은 바로 순애보적 사랑이다.

마치 예수님이 죄 많고 부족한 우리들을 죽기까지 사랑하셔서 끝까지 함께 하시는 것처럼(마태복음 28:20), 상대의 단점이나 허물까지도 이해하고 어떤 경우에도 상대의 곁을 떠나지 않는 것, 그것이 순애보 사랑이다. 우리는 지금 남편으로서, 아내로서 성경의 말씀대로 상대를 섬기고 존중하며 목숨처럼 사랑하고 있는가.

"그러나 너희도 각각 자기의 아내 사랑하기를 자신 같이 하고 아내도 자기 남편을 존경하라"(에베소서 5:33).

아내는 남편을 존경하고 있는지, 남편은 아내를 사랑하고 있는지 살피고 말씀대로 실천하십시오.

04

화가들이 그린 어버이

우리가 지금까지 살아온 인생에 있어서 가장 크게 영향을 미친 분은 부모님이라고 할 수 있다. 특히 청소년기의 아이에게 미치는 부모님의 영향은 절대적이라고 할 수 있는데 바로 부모님이 자녀의 존재의 시작이고 뿌리라고 할 수 있다. 화가들에게 있어서도 그것은 예외가 아니다.

세계 유명화가들은 자신의 어머니를 많이 그렸다. 반고흐, 피카소, 렘브란트, 뒤러 등 수많은 화가들이 자신의 어머니를 화폭에 담았다. 작품 속에서 그들의 어머니들은 더없이 아름다운 모습을 보이기도 하고 때로는 늙고 지친 존재로 그려져 있다.

영국의 미술평론가인 줄리엣 헤슬우드는 왜 화가들이 자신의 어머니들을 많이 그렸을까에 대한 궁금증을 갖고 오랜 시간 연구를 했다. 결론은 이렇다. 자식의 꿈을 이뤄주기 위해 무한대로 헌신한 어머니에 대한 고마움으로 화가들은 자신의 어머니에 대한 사랑과 자부심을 화폭에 그려냈다는 것이다.

몇 가지 대표적인 작품들을 살펴봐도 이런 사실들을 확인할 수 있다.

미국의 화가인 제임스 맥닐 휘슬러가 그린 '회색과 검정의 배열 제1번-화가의 어머니'를 보자. 그 그림의 주인공은 휘슬러의 어머니다. 67세의 노모는 3개월간 수많은 시간을 의자에 앉아 있어야 했지만 아들을 위한다는 생각에 힘든 그 시간을 즐겁게 이겨냈다. 어머니의 정성 덕분에 세상에 빛을 본 그 작품은 미국의 어머니날 기념우표에 등재되었고 어머니를 상징하는 대표적인 그림이 되었다.

오스트리아의 화가인 에곤 실레는 소파에서 낮잠을 자는 어머니를 그렸다. 옆으로 비스듬히 누워 잠든 어머니에게서 오직 자식만을 위해 자신의 삶을 희생하는 고단함이 전해져 온다. 그의 어머니는 세상 사람들이 아들의 그림을 인정해주지 않았지만 한 평생 아들에게 천재적 재능이 있다는 것을 믿었다. 그래서 에곤 실레가 29살의 나이로 요절하자, 아들의 그림이라도 알리기 위해 백방으로 노력해 그 아들의 천재성이 결국 세상에 빛을 보게 되었다. 우리가 힘들고 고난이 찾아 올 때 가장 먼저 찾는 사람은 어머니다. 어머니에게서 위로받고 힘을 얻어 새로운 각오로 삶을 헤쳐 나간다.

서양화가가 그린 우리나라의 아버지 작품들도 많은 것을 이야기해 준다.

프랑스 화가인 폴 쟈쿨레는 일제강점기 때 어머니가 계신 서울을 오가면서 여러 작품을 그렸다. 대표적인 작품으로 '도둑같은 자식들'과 '돈을 보내달라는 아들의 편지'가 있다. '도둑 같은 자식들'을 보면 이런 장면이 떠오른다. 고향을 떠나 객지로 향하는 두 아들이 아버지에게 작별 인사를 드리고, 아버지는 담배를 피며 자식들에게 몸 건강히 잘 지내라는 말을 하는 모습이다.

판화 속 아버지의 얼굴에는 고향을 떠나는 자식들에 대한 원망보다는 자식들의 앞날에 대한 걱정이 가득하고, 두 아들을 바라보는 눈길에서는 아버지로서의 한없는 부성애가 느껴진다. '돈을 보내달라는 아들의 편지'는 말 그대로 아들의 돈 보내달라는 편지를 보는 아버지를 그린 작품이다. 그래서 이 작품에서 나타나는 아버지의 표정에는 시름이 가득하다.

아들이 객지에서 돈을 보내달라는데 안 보내줄 수 없

으니 답답하고 안타까운 마음이다. 구구절절한 사연을 읽고 또 읽으면서, 이번에는 무엇을 팔아야 할지를 고민하는 아버지의 표정이 애처롭기까지 하다. 리차드 마일이라는 미국의 미술사가는 이 작품을 보고 "부모의 심정을 어떤 말보다 더 서사적으로 표현했다"라는 극찬을 했다.

이런 예를 통해 설령 눈에 보이지 않더라도 부모님이 자녀들을 위해 얼마나 희생을 하고 노력하는지 깨달을 수 있다. 어버이 살아 실제 섬기길 다하라고 했는데, 부모님에게 잘하고 있는지 자녀들은 깊이 생각해 봐야 한다. 부모 공경은 마땅히 해야 할 자녀들의 의무라는 것을 명심하여, 살아 계실 때 최선을 다해 효도하는 자녀들이 되어야 할 것이다.

"자녀들아 주 안에서 너희 부모에게 순종하라 이것이 옳으니라 네 아버지와 어머니를 공경하라 이것은 약속이 있는 첫 계명이니 이로써 네가 잘되고 땅에서 장수하리라"(에베소서 6:1-3).

지금 당장 부모님께 무엇을 해드릴까 생각하고 잘되고 장수하게 하는 효도를 실천 하십시오.

05

생명이 담긴 사랑

　　사랑은 생명이다. 부모님의 사랑 때문에 우리가 이 땅에 태어났고 하나님의 사랑 때문에 이 세상이 존재하게 되었다. 그러므로 모든 생명체는 어떻게 하다 보니까 생겨난 것이 아니라 다 사랑의 산물이다. 그래서 사랑 속에는 생명이 담겨져 있다. 생명이 담기지 않은 사랑은 아무리 천사의 말을 하고 구제와 봉사를 많이 해도 위선이나 자기 과시, 또는 거짓이나 동정에 지나지 않는다.

　　잭 캘리라는 한 신문기자가 소말리아의 비극을 취재하다가 겪은 체험담이다.

　　기근이 극심한 시기에 잭 캘리를 포함한 기자일행이 어느 마을에 들어갔다. 그 때 한 작은 소년을 발견했는데, 소년은 온몸이 벌레에 물려 있었고, 영양실조로 배가 불룩했다. 피부를 보니까 한 백 살이나 된 사람처럼 쭈글쭈글했다. 일행 중의 한 기자가 사과를 소년에게 주었는데, 얼마나 힘이 없는지 그것도 못 들을 정도였다.

그래서 사과를 반으로 잘라서 소년에게 주었다. 소년은 그것을 받아들고는 고맙다는 눈짓을 하더니 어디론가 향해 걸어갔다.

기자 일행이 소년의 뒤를 따라가 소년의 집에 들어갔을 때, 거기에는 이미 죽은 것처럼 보이는 한 작은 아이가 땅바닥에 누워 있었다. 아이의 눈은 완전히 감겨 있었는데, 그 작은 아이는 바로 소년의 동생이었다. 형은 동생 곁에 무릎을 꿇더니 손에 쥐고 있던 과일을 한 입 베어서는 그것을 씹었다. 그리고는 동생의 입을 벌리고는 그것을 입 안에 넣어준 후, 자기 동생의 턱을 잡고 입을 벌렸다 오므렸다 하면서 동생이 씹도록 도와주었다.

기자 일행은 그 소년이 자기 동생을 위해 보름 동안이나 그렇게 해온 것을 나중에야 알았다. 안타깝게도 며칠 뒤 소년은 영양실조로 죽었다. 다행히 소년이 그렇게도 먹여 살렸던 소년의 동생은 살았다. 동생에 대한 사랑으로 자기는 죽었지만 그 동생은 살렸던 것이다. 참으로 가슴 뭉클한 내용이다. 이처럼 사랑에는 때로 생명의 희생이 뒤따라야만 한다. 사랑의 실천이 쉽지 않은 이유가 바로 거기에 있다.

사실 인간은 본래 사랑의 존재로 태어났다. 인간은 하나님의 형상을 닮았기에 인간의 본질은 사랑이다. 그런데 아담의 범죄로 인해 죄의 세력이 우리를 지배하게 되면서 사랑은 희미해졌고, 극단적 이기주의와 물질만능주의가 팽배해지면서 사랑은 점점 설 자리를 잃게 되었다. 그렇다보니 간혹 사랑의 흉내는 볼 수 있지만, 생명이 담긴 참 사랑의 모습은 찾아보기가 쉽지 않다.

어떤 사람의 학생 때의 생활기록부 평가란이다. 초등학교 6학년 때는 "안정감이 있다.", 중1 때는 "의리가 있고 활발하다.", 중2 때는 "책임감이 있고 규칙을 잘 지킨다.", 중3 때는 "근면 성실하다." 이 생활기록부의 주인공이 누구인지 아는가?

21명을 끔찍하게 죽인 희대의 살인마 유영철이다. 앞에서 말했던 그 소년과 얼마나 비교가 되는가? 이처럼 생명이 담긴 사랑을 받지 못하고 자라난 사람은 남을 사랑할 수도 없고, 타인의 생명도 사랑할 수가 없다. 겉으로는 아무렇지도 않아 보인다 하더라도, 심지어 멀쩡해 보인다 하더라도 그것은 진정한 본모습이 아니다.

인간 속에 자리 잡은 악한 본성이 어느 때 어떻게 표출될지 모르는 몬스터 인간밖에는 될 수가 없다. 그러기에 우리 인간에게 절대적으로 필요한 것은 예수님의 십자가 사랑이다. 생명을 주기 위해 생명까지 바치신 하나님의 그 사랑을 우리가 소유할 때 비로소 새로운 피조물로 살아갈 수가 있고, 생명이 담긴 사랑을 실천할 수가 있다.

"내가 그리스도와 함께 십자가에 못 박혔나니 그런즉 이제는 내가 사는 것이 아니요 오직 내 안에 그리스도께서 사시는 것이라 이제 내가 육체 가운데 사는 것은 나를 사랑하사 나를 위하여 자기 자신을 버리신 하나님의 아들을 믿는 믿음 안에서 사는 것이라"(갈라디아서 2:20).

요즘 내가 정말 주님을 위해 살고 있는지 확인하고, 부족한 부분을 채우십시오.

06

사랑의 원자탄

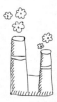

　　북한의 계속되는 핵실험과 핵포기 거부로 인해 한반도의 긴장이 높아지고 있다. 한국이나 미국 정부에서는 북한이 이미 히로시마에 떨어졌던 정도의 핵폭탄을 여러 개 보유하고 있는 것으로 판단하고 있다. 최악의 경우 한반도에서 핵전쟁이 발발할 수도 있는 아찔한 상황에까지 이르렀다. 핵무기는 정말 가공할 무기다. 재래식 전쟁에서는 첨단의 고성능 폭탄이라도 한 번에 수백 명을 죽이기 어렵다. 그러나 핵무기는 한 번 폭발에 수만 명, 아니 수억 명도 죽일 수가 있다. 그래서 인류가 핵무기를 두려워하는 것이다.

　　우리가 잘 알듯이 히로시마에 떨어진 원자폭탄으로 수많은 사람들이 죽었다. 그 때의 비극적인 상황을 잠시 소개해 보겠다. 1945년 8월 6일, 아침이 되자 미군의 공습이 두려워 방공호에서 잠을 잤던 많은 히로시마 사람들이 밖으로 몰려 나왔다. 그때 그들의 눈에 하늘에서 내려오는 자그마한 낙하산 하나가 보였다.

히로시마 하늘을 날던 미군의 B-29 폭격기에서 투하된 원자폭탄이었다. 길이 3m, 지름 0.72m에 무게 약 4t인 일명 '리틀보이'로 불리던 원자폭탄은 TNT 2만t에 해당하는 위력으로 히로시마 상공 550m에서 폭발하였다. 폭발이 100만분의 1초라는 짧은 순간에 일어나면서 수백만 도의 고온을 발생해 막대한 에너지를 방출했다. 그 결과 7km 상공까지 버섯구름이 솟구쳐 모든 건물들이 무너져 내리고, 도시 중심의 가옥과 사람들은 뜨거운 불에 녹아져 흔적도 없이 사라져 버렸다. 히로시마 인구 40만 명 중 10만 명이 하루 만에 죽었고, 이후 후유증으로 15만 명이 죽었다.

지금은 히로시마에 떨어진 원자폭탄과는 비교할 수 없을 정도로 핵무기의 파괴력이 강해졌다. 미국과 러시아 같은 나라는 히로시마에 떨어진 원자폭탄보다 300배 이상의 위력을 가진 핵폭탄을 보유하고 있다. 그러한 폭탄은 하나만 폭발해도 수천만, 수억의 생명을 앗아갈 수가 있다.

정말 핵폭탄의 위력은 가공할만하다고 할 수 있다. 그

러나 세상의 폭탄보다 더욱 강력한 힘을 가진 것이 있다. 핵폭탄은 기껏해야 육신을 죽이는 정도지만, 이것은 죽은 것을 살리기도 하고 그것도 잠시만 살리는 것이 아니라 영원히 살게 하는 능력을 가지고 있다.

바로 그 놀라운 무기는 그리스도의 십자가다. 한마디로 십자가는 사랑의 원자탄이라고 할 수 있다. 십자가에는 주님의 크신 사랑이 담겨져 있기에, 그 사랑이 터질 때에 수많은 생명을 구하게 된다. 그러기에 십자가는 핵폭탄보다 강한 것이다. 세상의 폭탄은 한 번 터지면 그만이지만 사랑의 십자가는 그 사람이 주님을 얼마나 사랑하느냐에 따라 연쇄적으로 터질 수가 있고, 무한대로 폭발할 수가 있다.

우리가 잘 아는 디엘 무디나 빌리 그래함은 주님에 대한 사랑이 대단했다. 그래서 디엘 무디는 생전에 수백만 명의 생명을 살렸다. 빌리 그래함도 십자가의 사랑으로 100만 명 이상의 영혼을 구했다. 세상의 무기가 죽이는 무기인데 반해, 하늘의 무기는 이렇듯 살리는 무기다.

북한의 핵실험과 아프가니스탄과 이라크에서 벌어졌

던 전쟁에서 보는 것처럼, 오늘날 전쟁의 공포는 이 땅 위에 가득하다. 그런데 문제는 결코 물리적인 힘으로는 이 땅 위에서 전쟁을 없애고 평화를 가져오게 할 수가 없다는 것이다. 오직 십자가의 사랑만이 전쟁을 잠재우며 미움을 그치게 하고, 평화를 가져다 줄 수 있다.

우리 그리스도인들이 십자가의 사랑을 온 몸 다해 실천할 때, 그것은 사랑의 원자탄이 되어 이 땅위에 진정한 평화를 가져오는 힘이 될 수 있다.

"그의 십자가의 피로 화평을 이루사 만물 곧 땅에 있는 것들이나 하늘에 있는 것들이 그로 말미암아 자기와 화목하게 되기를 기뻐하심이라"(골로새서 1:20).

 요즘 불편한 관계에 있는 사람이 있으면, 주님의 십자가와 영광을 생각하고 화해하십시오.

사랑의 실천

일본에서 실제 있었던 일이다.

어떤 사람이 집의 벽을 수리하기 위해서 보수 공사를 하던 중이었다. 일본집의 벽은 가운데를 나무로 얼기설기 대고 그 양쪽에 흙을 발라 만들기 때문에 속이 비어 있다. 그런데 그 벽을 뜯었을 때, 놀랍게도 도마뱀 한 마리가 갇혀 있었다. 그 도마뱀은 그냥 갇힌 것이 아니라 벽 밖에서 안으로 박은 긴 못에 꼬리가 박혀 꼼짝도 못한 상태였다. 집 주인은 그 도마뱀이 도대체 움직이지도 못하는데 집을 지은 10년 전부터 지금까지 어떻게 살아있었는지 호기심이 생겨 도마뱀의 상태를 유심히 살폈다.

그러나 아무리 봐도 꼬리에 못이 박혀 꼼짝도 못하는 상태였다. 이런 캄캄한 벽 속에서 십 년간을 생존해 왔다는 것은 기적이 아닐 수 없다. 도대체 십 년간이나 그 벽 속에서 무엇을 먹고 살았단 말인가. 먹지 않으면 살 수 없는 것은 불변의 진리다. 그렇다면 도마뱀은 어떻게 살 수 있었을까. 집 주인은 벽 수리 공사를 일시 중지하고, 상황을 지켜보기로 했다.

얼마 있다가 다른 도마뱀 한 마리가 먹이를 물고 살금살금 기어오더니 못 박힌 도마뱀에게 먹이를 주었다. 집주인은 그 광경에 감동을 했다. 그 도마뱀은 못이 박혀 움직이지 못하는 도마뱀을 위해 자그마치 십 년이란 긴 세월을 한결 같이 먹이를 물어 날라 준 것이다. 어미인지 형제인지는 모르겠지만 벽속에 갇힌 그 도마뱀을 살리기 위한 그 지극한 사랑이 하루 이틀도 아닌 10년을 살게 했던 것이다.

한낱 동물에 불과하지만 도마뱀의 그 헌신적인 사랑을 보면서 사랑이 얼마나 위대한 가를 더욱 깨닫게 된다. 사랑은 어려움에 빠지거나 절망적 상황 속에 있는 사람을 건져내고 생명으로 이끄는 힘이 있다.

인간은 그런 사랑을 실천할 의무가 있는데, 특히 하나님으로부터 무한한 사랑을 받은 하나님의 자녀들에게는 형제를 사랑하는 일은 마땅히 실천해야 될 사명이라고 생각한다. 하나님의 사랑을 알고 하나님의 뜻을 깨달은 사람은 반드시 행동으로 사랑을 실천해야 한다.

다미안이라는 성직자는 수십 년전에 복음을 전하기 위해 하와이 군도에 있는 몰로카이섬에 들어갔다. 그 섬에는 많은 나병 환자들이 죽을 날을 기다리면서 생활하고 있었다. 다미안은 선교사와 의사로 사역하면서, 또 집도 건축하고 상여꾼이 되기도 하고 관도 만들면서 온갖 궂은일을 도맡아 했다. 그렇게 십 여 년 동안 그들을 지극정성으로 돌봤지만, 그럼에도 나병 환자들은 그를 받아 주지 않았다.

다미안은 건강하고 잘생겼기 때문에 우리를 위해서 일하는 것이 일종의 보람이고 동정일거라고 생각하며 마음을 열지 않았다. 다미안은 그들의 그런 모습에 너무도 괴로웠다. 그는 어느 날 결국 하나님 앞에 이런 비장한 기도를 드렸다.

"하나님! 제게 나병을 주십시오. 그것이 전도를 위한 길이라면 저에게 허락해주십시오."

그리고 기도를 드린지 얼마 되지 않아 정말 바람대로 나병에 걸렸다.

다미안은 나병에 걸린 뒤에도 16년간 나병 환자들을 섬기다 49세에 세상을 떠났다. 그 기간 동안 그는 한 번도 집에 돌아가지 않았고 심지어 휴가를 보낸 일도 없다. 자신이 나병 환자가 되어야만 그들과 같아지고 진정한 형제가 될 수 있다는 생각에 그는 그 병에 걸리기를 기도했고 마침내 병에 걸리자 하나님께서 자신을 축복했다며 무척이나 기뻐했다. 그때부터 나병병자들은 그를 형제라고 부르고 다미안이 하는 말을 듣기 시작했다.

다미안은 예수님처럼 그들을 위해 자신의 모든 것을 주는 희생적인 사랑을 보여주며 한 평생을 살다갔다. 그는 말로만 나병환자들을 사랑하지 않고 행함과 진실함으로 그들을 사랑했다. 자신이 직접 그들과 같은 나병환자가 됨으로 예수님의 사랑을 구체적으로 실천했다. 주님을 진실로 사랑하는 사람은 말과 혀로만 사랑하지 않고 구체적으로 사랑을 실천한다(요일 3:18). 그것이 그리스도인의 열매요 증거인 것이다.

"자녀들아 우리가 말과 혀로만 사랑하지 말고 행함과 진실함으로 하자"(요한일서 3:18).

정기적으로 남을 도울 수 있는 봉사나 후원의 방법을 알아보고 실행하십시오.

창끝까지 넓은 사랑

1956년 1월 8일, 에콰도르의 콰라레이
강가에서 선교를 목적으로 방문했던 짐
엘리엇과 네이트 세인트 등 5명의 젊은

선교사들이 아우카 족의 창에 찔려 무참히 죽었다.

미국 라이프지는 '선교사 대학살 사건'이라는 제목
으로 이 사건을 보도했고, 많은 언론들은 '이 무슨 낭
비인가'(What a waist)라는 제목으로 대서특필했다.

미국 명문대를 나온 전도유망한 청년들이 오지에서
미개인들에게 허망하게 죽어간 것에 대해 안타까워하
면서 무모한 행동이라고 표현했다. 겉으로 볼 때 정말
그들의 죽음은 무모한 죽음인 것처럼 보였다. 그러나 사
실은 그렇지 않았다. 선교사들의 아내들이 남편들의 뒤
를 따라 아우카 족에게 들어가 정성껏 부족들을 섬겨
추장을 비롯한 많은 아우카 사람들이 결국 하나님 앞
에 돌아오게 되는 초석이 되는 순교였기 때문이다.

놀라운 것은 선교사들을 창으로 찔렀던 5명의 아우

카족 사람들까지 모두 예수님을 영접했다는 것이다. 그들 가운데 4명이 목사가 되었고, 1명은 전도사가 되었다. 복음의 불모지인 아우카 족 사람들에게 그리스도의 십자가 사랑을 전하기 위해 생명을 걸고 복음을 전한 그들의 순교의 피가 열매를 맺은 것이다. 십자가 상에서 보여준 예수님처럼, 죽음의 창끝까지 덮은 위대한 사랑은 반드시 결실을 맺게 돼있다.

당시 순교한 네이트 세인트 선교사의 아들인 스티브 세인트도 현재 선교사가 되어 아버지와 어머니의 뒤를 이어 아우카 사람들을 섬기고 있다. 놀라운 것은 스티브 세인트는 9살 때부터 밀림 속으로 들어가 아우카 족과 같이 살았었는데, 아버지를 죽인 사람의 아들로 입양되어 자랐다는 사실이다.

자기 아버지를 죽인 사람의 이름은 민카이였는데 부족의 전사로 우두머리였다. 스티브 세인트 선교사를 취재했던 기자는 어떻게 아버지를 죽인 사람과 함께 살고 그를 사랑할 수 있었는지 이해할 수 없었다고 했다. 스티브 세인트 선교사는 원수까지 사랑하신 예수님의 십자가 사랑을 알았고, 그 사랑을 전하기 위해 자신의 생명까지 아낌없이 바친 아버지의 마음을 알았기 때문에 그렇게 할 수 있었다.

그는 13세 때 아버지가 순교한 콰라레이 강변에서 아버지를 죽였지만 그리스도 안에서 변화되어 전도자가 된 민카이에게 세례를 받았다. 이 얼마나 기적 같고 영화 같은 일인가? 하나님께서 그렇게 하신 것이다. 위대한 십자가의 사랑이 그렇게 만든 것이다. 사랑이 생명의 구원을 낳은 것이다. 그것이 아니고서는 설명할 길이 없다.

미움은 살인을 낳지만 사랑은 이렇듯 영혼을 구한다. 미움은 기껏해야 몸은 죽일 뿐 영혼은 건드릴 수 없다 (마태복음 10:28). 그러나 사랑은 천하보다 귀한 영혼을 살린다. 십자가의 사랑을 아는 사람은 자기를 미워하고 증오하고 심지어 자기 목숨까지 빼앗는 원수라도 사랑한다. 이같이 상반된 성질을 지닌 사랑과 미움을 한번 온도로 생각해 봤다.

사랑의 온도는 끝이 없다. 우리가 생활에서 느끼는 최고 온도는 영상 100도, 200도 정도지만 100만도 1억도도 가능하다. 따뜻함에는 온도의 한계가 없다. 측정

할 수 없는 무한대다. 그러나 미움의 온도는 영하 273도가 끝이다. 273도 이하로는 더 이상 내려가지 않는다. 그래서 273도를 절대온도라고 하는데, 그 온도에서는 모든 원자활동이 멈추고 생명체가 죽어버리기 때문이다. 이처럼 미움에는 끝이 있고 한계가 있지만 사랑에는 끝이 없다.

예수님의 십자가 사랑은 영원하다. 그 사랑을 아는 사람이라면 생명을 구원하는데 전력을 다한다. 예수님의 지상명령이며 하나님의 가장 큰 소원은 생명을 구원하는 것이다. 창끝까지 덮은 사랑으로 영혼을 구원한 선교사들도 있다는 것을 기억하며 우리 역시 십자가의 사랑을 가슴에 품고 생명 구원에 최선을 다해야 한다.

"하나님은 모든 사람이 구원을 받으며 진리를 아는 데에 이르기를 원하시느니라"(디모데전서 2:4).

가까이 있는 사람들에게 전도용 책이나, 전도용 이메일, 또는 전도용 문자나 카톡을 보내 전도하십시오.

세 어머니의 사랑

북아일랜드는 몇 년 전까지 무장
세력 간의 테러와 협박이 끊이지 않았던
분쟁지역으로 특히 1981년 66일간 단식투
쟁을 벌이다 세상을 떠난 보비 샌즈(Boby Sands)
의 이야기를 통해 널리 알려진 지역이다. 보비 샌즈는
아일랜드의 독립을 위해 투쟁하다 체포되어 벨파스트
에 있는 메이즈 교도소에 수감되었다.

그해 3월 1일부터 보비 샌즈는 북아일랜드의 독립과
정치범 대우를 요구하는 단식투쟁에 들어가게 되는데,
그때 그를 따라 감옥 안에 있던 IRA(아일랜드 공화군)
전사들도 함께 단식을 하게 된다. 보비 샌즈는 결국 단
식 66일 만에 숨을 거두고, 뒤를 이어 9명의 IRA 재소
자들도 세상을 떠났다. 그때 단식을 하는 아들을 둔 두
어머니의 대조적인 모습이 또 한 번 이슈가 되었다.

어느 정도 이슈가 되었냐면 그 모습을 토대로 '어느
어머니의 아들'이라는 영화가 제작되기까지 했다. 프랭

크의 어머니 애니와 제러드의 어머니 캐슬린은 아들의 단식에 대한 입장이 서로 달랐다. 애니는 통곡하며 아들이 목숨보다 귀하게 여기는 신념을 인정한다. 그래서 아들의 단식을 막지 않았고 프랭크는 세상을 떠나고 말았다.

그러나 캐슬린은 아들의 신념보다 생명을 더 소중하게 생각했다. 캐슬린은 아들인 제러드가 오랜 단식으로 의식을 잃었을 때, 단식거부에 서명을 하고 병원치료를 받게 해서 아들의 생명을 구했다. 아들의 신념과 생각보다도 당장의 생명을 선택한 것이다.

아들의 신념을 택한 어머니나 아들의 생명을 택한 어머니나, 나름대로 이유 있는 선택이었다. 그렇기에 그 누구도 두 어머니에게 돌을 던질 수는 없다. 비록 자신의 선택으로 아들이 목숨을 잃게 되었지만, 애니는 그 누구보다 아들을 사랑했다. 또 아들이 소중히 여겼던 신념을 지켜주지 못한 캐슬린 역시, 아들을 가장 사랑했다. 아들에 대한 사랑은 하늘만큼 크지만 두 어머니의 사랑의 방법이 달랐던 것이다. 이 세상의 어머니들은 누구보다 자기 자녀를 사랑한다. 사랑의 방식이나 표현이

다를 뿐이지 자식에 대한 사랑의 크기는 그 무엇과도 비교할 수가 없다.

또 한 어머니의 사랑을 이야기해 보겠다.

지난 2008년 세상을 떠난 미국의 플로리다 주에 살았던 케이 오바라의 이야기다. 1970년 1월, 당뇨병을 앓고 있던 16살의 어린 딸 에드워다 오바라(Edwarda O'Bara)가 약을 잘못 먹은 바람에 식물인간이 되었는데, 그때 의식을 잃어가면서 딸이 어머니에게 간신히 힘을 내어 다음과 같은 말을 한다.

"나를 떠나지 않는다고 약속해. 엄마, 떠나지 않을 거지?"

"그럼. 난 네 곁을 떠나지 않을 거야. 내 딸아, 정말로 약속할게."

그것이 모녀가 나눈 마지막 대화였다. 이후 에드워다는 뇌사 상태에 빠졌는데, 어머니인 케이 오바라는 딸을 사랑하는 마음에서 또 딸과의 약속을 지키기 위해서 2008년 노환으로 죽을 때까지 딸의 곁을 한시도 떠나지 않았다. 딸의 곁을 떠난 것은 단 두 번으로, 둘째 딸의 결혼식과 남편의 장례식때 뿐이었다.

세 어머니를 통해 보더라도 어머니는 자신의 자녀를 결코 버리지 않는다. 아니, 버릴 수가 없다. 비록 육신적으로 떨어져 있고, 죽음이 갈라놓을 수 있을지는 몰라도 그 마음만은 언제나 자녀와 함께 있다. 이러한 어머니들의 사랑을 통해서 우리는 하나님의 사랑을 돌아보게 된다. 하나님의 사랑은 세 어머니의 사랑보다 더 깊고 더 높고 더욱 위대하다. 우리를 너무도 사랑하시기에 예수님은 십자가에서 생명까지 아낌없이 내어주셨다. 그래서 잠시도 우리의 곁을 떠나실 수 없다(마태복음 28:20). 하늘을 두루마리 삼고 바다를 먹물 삼아도 다 기록할 수 없는 주님의 그 크신 사랑을 가슴 깊이 찬송해 본다.

"능히 모든 성도와 함께 지식에 넘치는 그리스도의 사랑을 알고 그 너비와 길이와 높이와 깊이가 어떠함을 깨달아 하나님의 모든 충만하신 것으로 너희에게 충만하게 하시기를 구하노라"(에베소서 3:18,19)

 주님의 은혜를 잘 소개한 신앙서적을 구해 읽고(추천-더럽혀진 하나님) 누구와 나누십시오.

100원의 사랑

 탤런트이며 월드비전 친선 대사인 김혜자 씨가 여러 해 전, 아프리카 케냐의 기근 현 장을 다녀오면서 썼던 글을 읽은 적이 있다.

그 책의 내용 중에 이런 대목이 있었다.

아프리카에서는 100원짜리 하나로 어린이가 하루를 살 수 있고, 한 끼 같은 경우에는 100원으로 배불리 먹을 수 있다고 한다. 우리나라에서 100원은 아이들 과자나 작은 물건 하나 살 수 없는 '껌 값' 만도 못하다. 요즘은 껌 한통 사려고 해도 보통 500원 이상 줘야 한다. 그런데 껌 값만도 못한 이 100원이 아프리카나 아시아의 가난한 나라에서는 생명을 살리는 힘을 가진 큰돈이 되는 것이다.

사실 우리 어렸을 때만 해도 100원은 엄청나게 큰돈이었다. 웬만한 부잣집 아이가 아니면 어린 시절에 100원짜리 지폐는 만져볼 수도 없었다. 지금의 화폐가치로 하면 만원은 족히 되었으리라 생각한다. 그런데 40여년 이 지난 지금은 물가상승으로 인해 100원의 가치가 폭락해서 부모나 어른들이 아이들에게 달랑 100원만 주면 "100원으로 뭘 하라고요?"라고 따지며 볼멘소리를 할 것이다.

얼마 전 통계조사를 보니까 70년대 초반 삼양라면은 30원, 새우깡은 50원, 자장면은 80원이었다. 그런데 2014년 지금 가격을 보면 라면이 800원, 새우깡은 1000원, 자장면은 4000원이 넘는다. 그 당시 엄청난 위력을 발휘했던 100원으로는 지금 살 수 있는 물건이 아무 것도 없다. 그래서 그런지 집안에서 100원짜리는 아무렇게나 굴러다니고, 잃어버려도 안타까워하지 않는다.

그런데 우리가 이렇게 소홀히 여기는 100원짜리 하나가 아프리카나 아시아 등 가난한 나라에서는 하루를 살 수 있는 돈이 된다. 졸부는 100원을 우습게 여기지만 진짜 부자들은 100원도 소중하게 여긴다. 우리 속담에 티끌모아 태산이라는 말이 있듯이 100원짜리라고 가볍게 생각하는 사람에게 하나님은 절대 큰돈을 맡기지 않으신다.

지금으로부터 약 20여 년 전에 미국의 대중 월간지인
「SPY」라는 잡지에서 거부(巨富)들의 근검절약도를 실험
했다. 58명의 미국을 대표하는 부자들에게 컴퓨터의 실
수로 잘못 청구되었다고 하며 우리나라 돈으로 1000원
정도를 환불하겠다는 편지를 보냈는데, 놀랍게도 26명
이 성가신 환불서류를 작성하고 그 돈을 찾아갔다.

다음 단계 실험으로, 찾아간 26명의 부자들에게 이번
에도 똑같은 방법으로 600원 정도를 찾아가라고 했더
니 꼭 절반인 13명이 찾아갔고, 마지막으로 100원 정도
잘못 계산되었으니 찾아가라고 연락을 했을 때도 두 명
이 찾아갔는데, 그 중 한 명은 재산이 50억 달러인 세계
적인 무기 거래상 에드넌 카쇼기였고 다른 한 명은 부
동산 재벌인 도널드 트럼프였다.

진정한 거부는 100원이라도 소홀히 하지 않는다. 100
원의 소중함을 아는 사람만이 큰돈을 모을 수가 있다.
사랑도 마찬가지다. 작은 사랑을 실천하는 사람이 큰
사랑을 할 수가 있다. 우리는 가정에서 아이들에게 100

원의 소중함을 가르쳐야 한다. 100원의 사랑을 가르쳐야 한다. 작은 사랑을 실천한 사람에게 하나님께서는 큰 사랑을 맡기신다. 100원의 사랑으로부터 시작한 그 사랑이 영혼에 대한 뜨거운 사랑으로 발전하게 된다. 100원짜리 하나가 탈수로 죽어가는 어린이를 살리는 설사약을 구입할 수 있고, 100원짜리 8개가 모이면 영양실조로 인해 실명할 수밖에 없는 아이들의 눈을 살려낼 수 있다. 100원짜리 사랑을 실천할 때 더 큰 사랑을 실천할 수 있다는 것을 기억하여 100원의 소중함을 잊지 말아야 한다.

"사랑하는 자들아 우리가 서로 사랑하자 사랑은 하나님께 속한 것이니 사랑하는 자마다 하나님으로부터 나서 하나님을 알고 사랑하지 아니하는 자는 하나님을 알지 못하나니 이는 하나님은 사랑이심이라"(요한일서 4:7,8).

주님의 사랑을 본받아 누군가에게 사랑을 베푼다면, 누구에게 어떻게 할지 생각하고 실행 하십시오.

11

은빛여우의 죽음

시조로 유명한 송강 정철은 효에 대해서 다음과 같
은 싯구를 남겼다.

"어버이 살아 실제 섬기기 다하여
라 지나간 후면 애닳다 어이하리 평생
에 고쳐 못할 일 이뿐인가 하노라"

효성이 지극했을 옛날 시대임에도 그 당시 기준으로
볼 때는 역시 사람들의 부모에 대한 효성이 마냥 부족
했었나 보다.

세월이 흐른 오늘의 시대는 더 말할 필요가 없는 것
같다. 부모의 권위가 약화되고 개인주의적 사고가 강해
지다보니 부모에 대한 공경심이 너무나 부족하다. 가끔
자녀들이 잘못된 선택으로 저지른 패륜 뉴스들을 볼
때 정말로 안타까운 마음이 든다. 성경은 하나님 다음
으로 공경해야 할 분이 부모임을 분명하게 말씀하고 있
다(출애굽기 20:12).

김수형 작가가 쓴 '은빛 여우'라는 감동적인 작품이

있는데, 자식들에게 많은 것을 느끼게 하는 글이다.

어느 마을에 닭 도둑으로 소문난 은빛 여우가 있었다. 이 은빛 여우가 마을에 너무 큰 피해를 주자 많은 현상금이 걸렸다. 그래서 은빛 여우를 잡기 위해 꽤나 이름 있는 많은 사냥꾼들이 몰려들었는데, 모두 실패하고 말았다. 은빛 여우는 사냥꾼들이 잡기에는 너무나 똑똑하고 빨랐다. 그러다보니 이제 은빛 여우의 현상금은 황소 한 마리 값이 되었다. 어느 날 여우산 기슭을 지나던 가난한 범수 아저씨의 눈앞에 은빛 여우가 나타났다.

두려움과 공포심에 당장이라도 도망치고 싶었지만 범수 아저씨는 도망칠 수 없었다. 왜냐하면 몸이 아파 집에 누워있는 아들 녀석이 생각났기 때문이다. 저 은빛 여우를 잡으면, 아들의 약값을 댈 수 있겠다는 생각에 범수 아저씨는 떨리는 손으로 돌멩이 하나를 집어 들었다. 그 때 은빛 여우는 고개를 돌려 범수 아저씨를 쳐다보았다. 워낙 빠르고 똑똑한 은빛 여우라 도망칠 시간은 충분했다. 그런데 이상하게도 은빛 여우는 그 자리에서 꼼짝 하지 않고 범수 아저씨를 매섭게 쳐다볼 뿐이었다. 범수 아저씨는 자신도 모르게 들고 있던 돌멩이를 힘차게 그 은빛 여우에게 던졌다. 그 돌멩이는 정확히 은빛 여우의 목덜미에 명중했다.

은빛 여우는 그래도 도망치지 않고 범수 아저씨를 쳐다볼 뿐이었다. 무서움을 더 느낀 범수 아저씨는 미친 사람처럼 잡히는 대로 돌멩이를 집어 던졌다. 얼마 동안을 그렇게 던지자 은빛 여우는 피를 흘리며 죽고 말았다. 범수 아저씨는 그 날쌘 은빛 여우가 죽었다는 사실이 믿겨지지 않았다.

왜 도망치지 않았을까?

그리고 은빛 여우의 시체를 거두러 가던 범수 아저씨는 그만 그 자리에 털썩 주저앉고 말았다. 은빛 여우 뒤로 덫에 걸려 울고 있는 새끼 여우 한 마리가 있었기 때문이다. 은빛 여우는 자신이 돌에 맞아 죽어가면서도 새끼 여우를 버리고 혼자 도망칠 수가 없었던 것이다.

물론 동화에 불과하지만 부모님에 대한 은혜를 잊고 살아가는 현대인들에게 부모님의 지극한 사랑을 느끼게 해 주기에 충분할 정도로 감동적이다.

인간은 그냥 자라는 것이 아니다. 부모님의 눈물과

땀을 먹고 자란다. 커가면서 부모님의 진액이 자식에게로 전해지면서 자식은 강해져 가지만, 부모는 약해져 간다.

천하보다 귀한 것이 생명이지만 부모는 생명보다 자식을 더 귀하게 여긴다. 그럼에도 자식은 장성하면 부모의 은공에 감사하기보다 나이 든 부모님을 부담스러워한다. 그것이 오늘의 세태인줄 알면서도 그냥 받아들이기에는 어딘가 섭섭하고 억울한 생각이 든다. 효도 받으려고 키운 것은 아니지만, 그래도 어떻게 키운 자식인가. 세상 모든 부모가 애틋한 마음으로 자식을 키우며 헌신한 것을 자랑스러워하며 보람을 느끼는 날이 오기를 소망한다.

"너를 낳은 아비에게 청종하고 네 늙은 어미를 경히 여기지 말지니라"(잠언23:22).

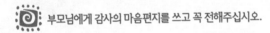 부모님에게 감사의 마음편지를 쓰고 꼭 전해주십시오.

12

장훈의 조국사랑

1934년에 시작한 일본 프로야구는 그
역사가 벌써 80년이 넘어간다. 그런 일
본 프로야구 역사에서 23년간 활약하며
불멸의 대기록을 세운 선수가 있다. 신인왕
을 차지하고, 타격왕 7회, 안타 3085개(역대 1위), 홈런
504개(역대 6위), 타점 1676(역대 4위), 타율 3할1푼9리
(역대 3위), 출장경기 2752(역대 3위) 등의 기록을 남긴
선수가 있는데, 바로 재일동포 장훈 선수다.

장훈 선수는 일본 선수들의 차별과 견제를 뚫고 뛰어
난 실력으로 일본 선수들을 압도하였다. 그의 불멸의 기
록은 물론 자랑스러워 할 만한 것이지만 나에게는 그보
다도 대한민국에 대한 그의 절절한 사랑이 더욱 자랑스
럽다.

장훈 선수의 부모 고향은 경남 합천이다. 그러나 부
모가 1940년 일본 히로시마로 이주했고 거기서 2남2녀
중 막내로 태어났다. 그가 5살 때 히로시마에 원자폭탄

이 떨어져 7살 위의 큰 누나가 죽었고, 얼마 뒤 큰 사고를 겪게 된다. 친구들과 모닥불 근처에서 고구마를 구워 먹다 갑자기 후진한 트럭에 밀려 불더미 속에 던져졌다. 그 사고로 오른손 네 번째와 새끼손가락이 엉겨 붙었고 엄지와 검지가 기형처럼 굽어버렸다.

또, 1년 후에는 한국에 다녀오겠다던 아버지마저 돌아가셨다. 그러다보니 장훈은 처절한 가난 속에서 성장할 수밖에 없었다. 장훈이 야구를 한 이유도 비참한 가난에서 벗어나 배불리 밥을 먹고 싶어서였다. 장훈은 오른손이 불구여서 다른 선수들보다 더 많은 땀을 흘려야 했다. 고교 때 동료선수의 회고담을 보면 장훈이 다다미 방에서 얼마나 방망이를 많이 휘둘렀는지 발자국 두 개가 움푹 파일 정도였다고 한다. 죽도록 연습을 해서 고교 시절 장훈은 최고 타자가 된다.

9개 프로구단의 치열한 경쟁 끝에 장훈은 도에이(현, 니혼햄) 구단에 입단하게 된다. 당시는 한국인이 귀화하지 않고 일본 프로야구에서 뛰는 것이 현실적으로 불가능했던 시절이어서 도에이의 오오카와 구단주는 장훈에게 이런 제안을 했다.

"귀화를 하지 않고 일본에서 뛰는 것은 여러 가지 제약이 많으니 내 양자로 들어오라."

그 말을 들은 장훈의 어머니 박순분 여사는 "편하게 살자고 조국을 버리는 그따위 짓거리를 할 거면 당장 야구를 때려 치고 히로시마로 내려오라."며 불같이 화를 냈고, 장훈도 어머니의 뜻을 좇아 곧바로 오오카와 구단주를 찾아가 "야구를 그만두겠다."는 뜻을 전했다.

치가 떨리는 지독한 가난에서 벗어날 좋은 기회였음에도 일말의 망설임도 없이 포기한 것이었다. 그 이유는 조국 대한민국에 대한 지극한 사랑 때문이었다. 다행히 우여곡절 끝에 도에이에 입단하게 된 장훈은 첫 해부터 맹활약을 펼쳤다. 그가 타석에 나서면 상대 포수의 조롱, 투수의 위협구, 관중들의 야유가 쏟아져 나왔다. 그때마다 장훈은 이를 악물고 악착같이 안타와 홈런을 쳐냈다. 귀화만 하면 모든 면에서 편하게 살 수 있고 부귀영화가 보장되었지만 장훈은 끝내 귀화를 하지 않았다.

60년대 초, 일본에 귀화해 프로 레슬러로 맹활약하고 있는 역도산을 만났을 때, 장훈이 물었다고 한다.

"왜 우수한 민족인 한국인이란 사실을 밝히지 않느

냐?"

그때 역도산은 어린 장훈에게 이런 말을 했다.

"너는 아직 모른다."

장훈은 조국인 대한민국을 사랑해서 지금까지 귀화를 하지 않고 대한민국 사람으로 살아가고 있다. 국내의 한 월간지와의 인터뷰에서도 장훈은 후배들에게 이런 좋은 나라가 세상에 없으니 절대 귀화하지 말라고 얘기했다.

장훈의 이런 조국사랑을 보면서 예수님을 믿는 우리 그리스도인들은 과연 얼마나 하늘나라를 사모하고 주님을 사랑하는지 돌아보게 된다. 세상의 부귀영화가 보장되었을 때 우리는 장훈 선수처럼 조금도 미련 없이 그 것을 뿌리칠 수 있겠는가.

"그러나 우리의 시민권은 하늘에 있는지라 거기로부터 구원하는 자 곧 주 예수 그리스도를 기다리노니 그는 만물을 자기에게 복종하게 하실 수 있는 자의 역사로 우리의 낮은 몸을 자기 영광의 몸의 형체와 같이 변하게 하시리라"(빌립보서 3:20-21).

조국을 사랑하는 마음을 품고, 그 마음보다 더 귀하게 하늘나라를 사모하는 마음을 품으십시오.

황제펭귄의 부성애

가시고기의 부정(父情)에 대해서는 대부분의 사람들이 알고 있다. 책과 드라마를 통해 소개되었기 때문이다. 알을 낳고 어디론가 사라진 엄마 가시고기 대신 아빠 가시고기는 새끼들이 자랄 때까지 온갖 적들과 싸워가며 새끼들을 돌본다. 다 자란 새끼들이 자기 길을 찾아 떠나고 나면 새끼들을 키우느라 진액이 빠진 아빠 가시고기는 바위틈에 머리를 박고 죽는다. 사람도 감탄할만한 대단한 부성애다.

가시고기처럼 많이 알려지지 않았지만 그에 못지않은 부성애를 가진 동물이 있다. 남극에 사는 황제펭귄이다.

2005년 우리나라에서도 개봉되어 많은 관객들에게 감동을 준 '펭귄 - 위대한 모험'이라는 영화를 보면 프랑스의 생태학자 뤽 자케가 혹독한 남극에서 14개월 동안 생활하면서 황제펭귄의 일대기를 카메라에 담은 장면들이 나온다. 황제펭귄은 펭귄 가운데 가장 몸집이 커서 다 자라면 키가 110cm에 이르고, 몸무게도 30kg이나 나간다. 황제펭귄은 남극의 한 겨울인 5월에 짝짓기를 해서 알을 딱 하나만 낳는다. 알을 낳은 엄마 펭귄은 새끼들에게 먹일 양식을 준비하러 먼 바다로 떠나기에 앞서, 아빠 펭귄에게 그 알을 맡긴다.

극한의 남극지역에서 알을 넘기는 일은 매우 위험한 일이다. 남극은 영하 60도가 넘고 150km의 강풍이 몰아치기 때문에, 실수로 알을 떨어뜨려 2, 3초 만이라도 추위에 노출되면 알은 터져 죽고 만다. 무사히 알을 넘겨받은 아빠 펭귄은 그 알을 발 위에 올려놓고 뱃가죽으로 '포옥' 감싸 차가운 바깥 공기가 닿지 못하게 한다.

2개월 이상 남극의 매서운 추위와 눈보라 속에서 아빠 펭귄은 눕지도 엎드리지도 못한 채, 마치 동상처럼 꼿꼿이 서서 알을 품으며 60여 일을 견딘다. 거기다 호시탐탐 알을 노리는 도둑갈매기와 바다표범도 경계하기까지 한다. 그런 아빠 펭귄의 굶주림과 피곤함은 말로 다할 수 없다. 그러다보니 강한 눈 폭풍을 견디지 못해 알을 지키다 쓰러져 죽는 아빠 펭귄들이 나오기도 한다.

7월 중순이 되면 겨울의 추위를 이긴 작고 예쁜 새끼들이 껍질을 깨고 나온다. 그때 먹지 못하고 알 품기에만 매달린 아빠 펭귄의 몸은 지방이 다 빠져서 원래 체중의 절반 정도밖에 안 된다. 그럼에도 갓 태어난 새끼가 배고프다고 보채면 아빠 펭귄들은 위속에 가지고 있던 마지막 비상식량까지 토해서 새끼들에게 먹인다.

기다리던 엄마 펭귄이 돌아와도 추위와 허기로 기진 맥진한 아빠 펭귄에게는 새끼를 위해 또 한 번의 일이 남아 있다. 새끼에게 줄 먹이를 구하러 먼 바다로 가는 일이다. 지친 몸을 이끌고 먹이를 구하러 가던 아빠 펭귄들 가운데 많은 펭귄이 슬프게도 눈 위에 쓰러져 죽고 만다. 그 위에 무심한 눈이 소복이 쌓인다. 인간의 부성애에 비해 조금도 손색없는 황제 펭귄의 자식 사랑이 눈물겹기만 하다.

성경의 다윗도 전형적인 부성애의 모습을 보여준다. 밧세바와의 사이에서 태어난 아이가 병에 걸리자 그 아이를 위해 죽을 때까지 금식으로 밤을 새며 하나님께

매달린다. 또 자기를 죽이기 위해 전쟁터로 달려온 아들 압살롬을 절대 죽이지 말라고 요압에게 신신당부를 한다. 압살롬이 요압에 의해 죽었다는 보고를 받자 다윗은 압살롬 대신 자기가 죽었어야 되는데 하면서 통곡을 한다.

그것이 바로 아버지의 마음이다.

참된 아버지는 자기 목숨보다 자식의 생명을 더 귀하게 여긴다. 오직 자식들이 잘 되고 건강하기를 바라는 것, 그것은 세상 모든 아버지의 마음이고 우리를 사랑하시는 하나님의 마음이기도 하다.

"왕의 마음이 심히 아파 문 위층으로 올라가서 우니라 그가 올라갈 때에 말하기를 내 아들 압살롬아 내 아들 내 아들 압살롬아 차라리 내가 너를 대신하여 죽었더면, 압살롬 내 아들아 내 아들아 하였더라"(사무엘하 18:33).

측량할 수 없는 주님의 사랑을 생각하며 자녀에게 또는 부모에게 무엇을 통해 사랑을 전할지 생각하십시오.

IV
아름다운 인생

바하의 고난

인류 역사상 가장 아름답고 위대한 음악
작품을 남긴 음악가 중 한 명이 요한 세바
스찬 바하다. 음악의 아버지로 불릴 정도
로 음악가로서는 누구보다 위대했는데,
그러나 그의 생애는 견딜 수 없는 고난의
연속이었다. 어린 시절부터 죽을 때까지
고난과 시련이 끊이지 않았다. 바하는 1685년 3월 23일
독일 투링기아주 아이센나흐에서 태어났는데, 공교롭게
도 '음악의 어머니'라는 별칭을 갖고 있는 헨델보다 2
주일 늦게 출생했다.

바하는 10살도 되기 전에 부모님을 여의었다. 그래서
형이 대신 바하를 키웠는데, 자기도 먹고 살기 힘든 형
편에 동생을 돌보다보니 바하를 몹시도 미워했다. 장성
한 후에도 바하의 고난은 계속되었다. 마리아라는 여인
과 결혼하여 7명의 자녀를 낳았는데, 레오폴드 후작과
외국에 연주 여행을 다녀오는 동안 아내는 세상을 떠났

고 돌아왔을 때는 이미 장례를 치른 후였다.

얼마 후, 바하는 안나 마트달레나라는 여인과 재혼을 해 첫째 아내의 자녀들을 포함해 아들 11명, 딸 9명 등 모두 20명의 자녀를 두게 된다. 그런데 안타깝게도 20명 가운데 절반인 10명이 어려서 죽고, 한 명은 20살 때 세상을 떠났다. 또 한 명의 자녀는 정신박약아로 태어났다. 거기다 바하는 노년에 앞을 보지 못하는 맹인이 되었고, 설상가상으로 뇌출혈로 쓰러져 반신불수까지 되었다.

바하의 가정이 얼마나 극빈했냐면 그의 둘째 아내가 세상을 떠났을 때는 장례를 치를 돈이 없어서 빈민구제위원회에서 장례를 맡아 치를 정도였다. 이렇게 인간으로서 최악의 고난을 겪었는데, 아이러니하게도 누구보다 인생의 고난을 더 깊고 크게 체험한 그 역경 때문에 바하는 위대한 작품을 남길 수가 있었다. 고난이 바하를 위대하게 만든 것이다.

그리고 더 중요한 것은 바하에겐 하나님에 대한 견고한 믿음이 있었다는 것이다. 바하는 늘 이렇게 말했다. "음악의 목적은 하나님의 영광과 인간 영혼의 소생을 위한 것이 되어야 한다."

바하의 마음속에는 하나님의 영광을 위해 작곡해야 된다는 생각으로 가득했다. 그래서 그는 작곡을 할 때 악보 공란에 'J. J.' (Jesu Juva, 예수님 도와주소서), 또는 'I. N. J.' (In Nomine Jesu, 예수 이름으로)라고 표시하곤 했다. 칸타타나 오라토리오의 마지막 부분에는 항상 S.D.G. 라는 글자를 적어 놓았다. 이것은 '오직, 하나님의 영광만을 위하여!' (Soli Deo Gloria!) 라는 뜻을 지닌 라틴어의 첫 번째 글자들이다. 또한 오르간을 위한 합창 전주곡들은 '지극히 존귀하신 하나님께' (The most High God!) 바치는 곡이라고 적어 놓았다. 무시무시한 고통 속에서도 그는 하나님의 영광만을 위해 살고, 하나님의 영광만을 바라보며, 하나님의 영광만을 위해 음악을 했는데, 그것이 그의 삶의 의미요 진정한 목적이었다.

1750년, 그의 나이 65세로 세상을 떠나게 될 때, 침대에 누워 받아쓰게 한 마지막 작품 역시 '당신의 보좌 앞으로 나는 갑니다' (Before Thy Throne I Come)라고 명명된 하나님께 올리는 합창곡이었다.

이처럼 바하의 마음속에는 온통 하나님에 대한 생각으로, 어떻게 하면 하나님께 영광을 돌리는 위대한 작품을 남기느냐만이 그의 유일한 관심사였다. 그것이 바하의 깊은 고난과 어우러지면서 인류 최고의 작품을 탄생시킨 배경이 되었는데, 바하의 대표작 가운데 하나인 마태수난곡도 바하가 극한의 고난을 경험하지 않았다면 나올 수 없는 곡이었다. 고난이 바하의 믿음과 작품을 더욱 깊고 위대하게 만들었던 것이다.

바하를 볼 때도 알 수 있는 것은, 고난이 괴롭고 견디기 힘들지만 돌아보고 나면 그 고난이 은혜이고 축복이라는 것이다. 그러므로 견디기 힘들고 때로는 이해할 수 없는 고난이 찾아올지라도 그 고난을 통해 나의 삶과 믿음을 연단하신 하나님을 생각하며 오히려 기쁨으로 찬양하는 성도들이 되어야 한다.

"그러나 내가 가는 길을 그가 아시나니 그가 나를 단련하신 후에는 내가 순금 같이 되어 나오리라"(욥기 23:10).

어려움과 고난이 때로는 주님의 연단 방법임을 깨닫고 힘을 내십시오.

만델라의 죽음을 보면서

2013년 12월, 전 세계는 95세를 일기로 세상을 떠난 넬슨 만델라 전 남아공 대통령에 대한 추모 열기로 뜨거웠다.

12월 10일, 남아프리카공화국 요하네스버그 FNB 주경기장에서 추모식이 열렸는데, 세계 역사상 전례를 찾기 힘든 대규모 행사였다. 미국의 오바마 대통령과 반기문 유엔사무총장 등 세계 각국 정상 91명과 빌 클린턴, 조지 부시 전미 대통령을 포함해 전.현직 세계 최정상 100여명이 참석하였다. 만델라에 대한 세계인의 존경심이 얼마나 큰지를 알 수 있는 대목이다. 영국의 가디언지는 "만델라 추모 열기는 윈스턴 처칠, 다이애나 전 영국 왕세자비, 존 에프 케네디 전 미국 대통령, 교황 요한 바오로 2세 때의 열기를 무색하게 할 정도다."라고까지 했다.

비가 내리는 가운데 진행된 추모식에서 우레 같은 갈채 속에 연단에 오른 오바마 대통령은 만델라를 '역사의 거인', '20세기의 위대한 해방자'로 칭송하며, 존경심을 표했다. 반기문 유엔 사무총장 역시 "만델라는 증오를 미워하고 용서의 힘을 보여줬다."고 추모했다.

그런데 이날 추모식에서 무엇보다도 화제가 된 것은 오바마 대통령과 라울 카스트로 쿠바 대통령과의 악수 장면이었다. 20세기 중반 핵전쟁 직전까지 치달았고 지금도 적대국인 두 나라 정상이 만델라의 죽음 앞에서 역사적인 악수를 한 것이다.

양국 정상이 공식석상에서 악수한 것은 1959-1961년 쿠바혁명 이후 처음이다. 오바마 대통령은 미국 국가안보국(NSA)의 불법 사찰로 대립중인 지우마 호세프 브라질 대통령과도 가벼운 포옹과 입맞춤을 나누었다. 이에 세계 언론들은 자유를 위한 투쟁으로 평생을 바친 만델라가 세상을 떠나면서도 '용서와 화해의 장'을 마련했다고 대대적으로 보도했다.

'살아있는 성자'로 추앙받던 넬슨 만델라 전 남아공 대통령은 남아공 동남부의 한 시골 마을에서 템부족 추장 가문의 후손으로 태어났다. 어린 시절 이름은 '말썽꾸러기'라는 뜻의 '롤리훌라훌라 만델라'였다. 이후

기독교 계통 학교에 입학하면서 하나님을 믿고 '넬슨' 이라는 서양식 이름으로 바꾸었다. 젊은 시절 남아공 백인정권의 폭력적인 아파르트헤이트(흑백차별) 정책에 맞서 투쟁을 벌이다 잡혀서, 감옥에서 27년간 혹독한 수감생활을 한 후 1990년 석방되었다. 자유와 평화에 대한 공로로 1993년 노벨평화상을 받고, 1994년 남아공 최초로 흑인 대통령이 되었다.

만델라는 대통령에 당선된 이후 백인을 포용해, 무지개처럼 다른 인종이 조화를 이루어 사는 오늘날의 남아공을 건설하였다. 탄압받던 피지배계층이 권력을 잡은 뒤 압제자들에게 보복하지 않고 공존의 길을 선택한 것은 세계 역사상 유례를 찾아보기 힘든 일이다. 그는 대통령직에서 물러난 뒤에는 권력욕을 버리고 인류 평화를 위한 외길에 매진해 세계인의 존경을 받으며 '평화의 아이콘'이 되었다. 그런 만델라의 위대한 삶이었기에 세계인들은 그의 죽음을 진실로 애도하면서, 그의 마지막 가는 길을 따뜻하게 환송했던 것이다.

만델라는 전쟁과 미움과 반목이 끊이지 않는 지구촌

에 평화를 일깨워주는데 적지 않은 공헌을 했다. 그러했기에 노벨평화상을 받을 수 있었다. 그런 만델라를 보면서 성탄의 의미를 생각해 보았다.

물론 만델라가 위대한 삶을 살았다 해도 예수님과는 비교할 수가 없다. 예수님께서는 이 땅에 평화를 주러 오셨다. 예수님께서 탄생하시던 날 밤, 천사들은 땅에서의 평화를 외쳤다. 예수님이 이 땅에 오셨다는 기쁜 성탄의 소식은 성탄절에만 전해져야 할 소식이 아니라 매일 같이 온 누리에 널리 전해야 할 기쁜 소식이다.

"지극히 높은 곳에서는 하나님께 영광이요 땅에서는 하나님이 기뻐하신 사람들 중에 평화로다 하니라"(누가복음 2:14).

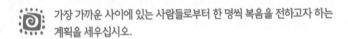 가장 가까운 사이에 있는 사람들로부터 한 명씩 복음을 전하고자 하는 계획을 세우십시오.

영웅에서 합창까지

프랑스 최고의 서정시인인 제라르
드 네르발은 이런 말을 했다.

"튼튼한 몸에 튼튼한 정신이라는
것은 믿기 어렵다. 뛰어난 정신은 가끔
허약한 육체에 깃든다."

이 말을 웅변적으로 보여준 음악가가 있다. 악성 베토
벤이다. 베토벤은 귓병에다 위장병, 간경변, 황달, 수종,
신장병과 폐질환 등 신체 오장육부 어느 한 군데 성한
곳이 없었다. 말 그대로 걸어 다니는 종합병원이었다. 베
토벤이 죽은 후 그의 시신을 해부했던 의사는 그 몸으
로 57세까지 산 것이 기적이라고 했다.

베토벤은 생전에 9개의 교향곡을 작곡했다.

그중에 대표적인 것이 3번 '영웅', 5번 '운명', 6번
'전원', 9번 '합창'이다. 번호는 그가 작곡한 순서를 가
리킨다. '영웅'에서 '합창'까지를 자세히 들여다보면 베
토벤의 내면적 변화와 성숙의 단계를 볼 수 있다. 3번

'영웅'은 그 시대의 영웅인 나폴레옹의 대단한 용기와 그의 업적을 기리고 있는데, 한 인간의 위대함을 엿볼 수 있다. 5번 '운명교향곡'은 "이와 같이 운명은 이렇게 문을 두드린다."라는 주제처럼 인간은 운명적인 존재라는 것이다.

사실, 베토벤 자신이 극적인 운명을 살아왔다. 아버지는 알코올 중독과 매독 환자였고 어머니는 폐결핵 환자였다. 그 사이에서 태어난 첫아이는 소경이었고, 둘째는 태어나자마자 죽었다. 셋째 아이는 벙어리였고, 넷째 아이는 폐결핵에 걸렸다. 이어 태어난 아이가 베토벤이었다. 태생적으로 병을 달고살 운명을 안고 태어났다. 베토벤이 '운명'을 작곡한 그 시기도 운명의 거친 파도와 힘겹게 싸웠던 시기였다.

난청으로 잘 들을 수 없었고, 사랑했던 여인 테레제와 헤어졌으며 친구와의 관계가 악화되어 정신적으로나 육체적으로 매우 힘든 시기였다. 그러한 운명과 싸우면서 운명의 벽을 넘어 인생의 가시밭길을 헤쳐 나가자는 의도로 '운명'이라는 작품을 만들었으나, 이후의 그의 삶을 볼 때 인간 스스로의 힘으로는 운명을 극복할 수 없음을 알 수 있다.

6번 '전원교향곡'은 청각을 상실한 절망적 상황 속에서 자살을 결심하고 유서를 작성했던 하일리겐슈타트에서 만든 곡이다. '전원교향곡'에서 베토벤은 시골의 목가적인 풍경 속에서 마음의 안정을 찾고 감사를 노래했다. 베토벤이 신실한 신앙인은 아니었지만 하나님에 대한 믿음은 있었다. 그것은 그가 만년에 작곡한 '장엄미사'나 죽기 3년 전에 발표한 9번 '합창'을 보면 알 수 있다.

특히 합창은 20년이 넘는 기간 동안 심혈을 기울여 작곡한 작품으로 4악장인 '환희의 송가'가 압권이다. "포옹하라 만민들이여 푸른 하늘 위에는 사랑하는 주가 꼭 계시리 하늘 위에서 주를 찾으라 많은 별 위에 그는 꼭 계실 것이다."라는 가사처럼 이 노래에는 하나님에 대한 신앙과 인류 평화를 기리는 내용이 나온다. 극도의 고뇌를 믿음의 힘으로 이겨내고 감격과 기쁨으로 하나님을 찬양하며 노래하는 대목은 베토벤의 성숙한 내면세계를 보여준다. 혼성 합창으로 울려 퍼지는 장엄한 합창은 하나님을 만난 인간의 환희의 감정을 표현하기에 조금도 부족함이 없다. 죽기 며칠 전 성직자로부터 종부성사까지 받았던 베토벤은 '합창'을 통해서 하나님에 대한 믿음을 일깨워주려고 했던 것 같다.

보통 아무리 위대한 음악가라고 하더라도 만년에는 뛰어난 작품이 거의 나오지 않는데, 베토벤은 나이가 들수록 더욱 뛰어난 불멸의 작품들을 세상에 내놨다. '장엄미사'와 '9번 합창', 그리고 신의 영역에 속한다고까지 평가받는 현악사중주곡인 127번부터 130번까지의 작품들이 그렇다. 그것을 통해 볼 때도 고난은 인간을 성숙하게 하고 위대하게 만든다. '영웅'에서 '합창'까지를 볼 때, 진정한 영웅은 세상적으로 뛰어난 업적이나 공로가 있는 사람이 아니다. 인간의 한계를 깨닫고 겸손히 하나님의 도우심을 구하며 열정적으로 사는 사람이다. 그런 사람만이 인생의 마지막에 환희의 송가를 부를 수 있다. 성공에 도취해 교만의 죄를 짓지 말고 잘될수록 더욱 겸손하게 하나님께 나아가는 성도가 되어야 한다.

"다만 이뿐 아니라 우리가 환난 중에도 즐거워하나니 이는 환난은 인내를, 인내는 연단을, 연단은 소망을 이루는 줄 앎이로다"(로마서 5:3,4).

일의 모든 성공과 실패는 주님께 있고 지금의 환난은 소망을 위한 훈련으로 기쁘게 받아들이십시오.

가방속에 담긴 삶의 향기

사람들에게 있어서 가방은 아주 소중한 물건이다. 어떤 사람들에게는 비싼 명품백이 때론 단순한 물건이 아니라 분신의 역할을 하기도 한다. 그래서 가방에는 소유한 사람의 인격이나 삶의 모습을 대변할 때가 많다.

오늘의 시대는 물질만능주의다 보니 사람들이 자동차만큼은 아니지만 가방도 신분을 평가하는 중요한 척도로 여긴다. 그래서 많은 사람들이 명품 가방을 소유하려고 애쓴다. 명품 가방 하나에 수백만 원에서 수천만 원까지 한다. 한창 대세가 된 브랜드의 가방은 수천만 원을 호가하는데 모두 수제품이라서 일반인들 같은 경우는 주문하고 5, 6년을 기다려야만 받을 수 있다. 그런 명품 가방은 물질적 가치가 대단히 높다.

그러나 그런 가치로 따질 수 없는 보석 같은 가방들이 있다. 희생과 성실의 땀이 밴 삶의 향기가 담겨진 가방들이다. 그런 삶의 향기가 진하게 밴 가방에 대한 두

가지 아름다운 이야기가 있다.

하나는 마더 테레사의 가방이다.

테레사가 오래 전 우리나라에 왔을 때의 일이다. 김포 공항에 수많은 환영객과 취재진들이 몰려와 마더 테레사를 에워싸 밀치고 당기다보니 그만 마더 테레사가 가방을 잃어버리게 되었다. 많은 사람들이 가방을 찾기 위해 애썼는데, 찾지 못하다가 나중에 공항의 어느 쓰레기통에서 마더 테레사의 가방을 찾아냈다.

아주 낡고 초라한 가방이었다. 워낙 낡은 가방이다 보니 누군가가 쓰레기통에 버렸던 것이다. 그 가방 속에는 오직 성경만이 들어있었다. 그 낡고 해진 가방은 마더 테레사의 삶을 고스란히 보여주고도 남았다. 평생을 가난하고 병들고 헐벗은 사람들을 섬기며 살았던 마더 테레사가 1997년 세상을 떠났을 때, 그녀가 남긴 것은 입고 있었던 흰색 사리복과 낡은 가방이 전부였다. 그 가방에는 세상 어느 가방에서 볼 수 없는 그리스도의 향기로 가득했다.

또 하나 낡은 가방에 관한 아름다운 이야기가 있다.

2005년 11월, '사랑하는 친구, 은인들에게'라는 편지 한 장만 남기고 소록도에서 봉사를 하다 떠난 오스트리아 출신 간호사들의 가방이야기다.

마리안과 마가레트는 20대의 한창 나이인 1960년대 초, 소록도에 첫 발을 내 디뎠다. 오스트리아 간호학교를 나온 두 사람은 소록도병원에서 간호사를 찾고 있다는 소식을 듣고 환자들을 섬기기 위해 아무 조건 없이 가난하고 낙후된 동양의 작은 나라인 우리나라에 왔다. 두 사람은 장갑도 끼지 않은 채 환자들의 상처 난 부위에 약을 발라주었고, 과자와 음식을 만들어 섬겼다. 본국 선교회에서 보내오는 생활비까지 환자들 우유와 간식비로 다 사용하였다. 또 외국 의료진을 초청해 장애교정 수술을 하고 나병 환자 자녀를 위한 보육과 자활정착 사업에도 헌신했다.

40여 년간을 두 사람은 소록도에서 수천 명의 환자들의 손과 발이 되면서 철저히 환자들을 위해 살았다. 그래서 병원 측이 마련한 회갑잔치마저 "기도하러 가야한다."는 이유를 들어 피했었고, 떠날 때도 송별식을 행하는 것이 불편해 편지만 한 장 남기고 아무도 모르게 새벽에 배를 타고 소록도를 떠났던 것이다. 떠난 이유도 이제 나이가 일흔이 되어 제대로 일을 하기 어려워 병원 측에 부담이 되는 것이 싫어 떠난 것이었다.

두 사람이 떠날 때 몸에 지닌 것은 40여 년 전 소록도에 올 때 지녔던 이제는 낡고 헤진 가방 하나였다. 자기만 아는 이기적인 시대에 살아가고 있는 현대인들에게 두 사람의 헌신적인 이야기는 많은 것을 생각나게 한다.

예수님을 따른다고 하는 우리들의 가방이나 살아가고 있는 모습에서 그리스도의 향기가 배어있는지, 아니면 세상적이고 이기적인 냄새가 가득한지, 곰곰이 한번 생각해 보았으면 한다.

"우리는 구원 받는 자들에게나 망하는 자들에게나 하나님 앞에서 그리스도의 향기니"(고린도후서 2:15).

 하나님이 주신 재능과 물질을 누군가를 도우며 향기롭고 보람차게 사용하고 있는지 생각해보십시오.

05

그 여자는 그 여자가 아니었다

 중국 최고의 기예술 중 가면을 가지고 하는 변검이라는 것이 있다. 소매로 얼굴만 스치면 전혀 다른 얼굴로 바뀌기 때문에 눈 앞에서 벌어지는 일임에도 쉽사리 믿기가 힘들 정도의 기예다.

변검은 19세기 말 저명한 천극 예술인인 캉쯔린이 천극 '귀정루'에서 3장의 탈을 바꾸면서 세상에 등장했다. 변검은 관객들의 눈앞에서 순간적으로 얼굴의 표정과 색깔을 바꾸는 마술적인 기예로, 배우가 한 바퀴 돌면서 소매로 얼굴을 스치면 전혀 다른 색깔, 다른 표정의 얼굴로 바뀌게 된다. 이 '안면 바꾸기'의 기법으로는 분말로 얼굴 색깔을 바꾸기도 하고 미리 얇은 비단에 그린 여러 장의 그림을 붙여놓는 등 여러 가지가 있지만 가장 중요한 것은 관객에게 그 기술을 들키지 않는 것이다.

이런 변검의 기술과 탈을 직접 연구하고 제작한 캉쯔

린의 혁신적인 기예는 곧 사천성을 진동시켜서, 수많은 변검사들이 등장했다. 그러다 왕다오정이 1985년 독일 공연에서 탈을 5장까지 바꾸고, 1987년 일본 공연에서는 불가능하리라 여겨지던 탈 10장을 변환하는 놀라운 기술을 선보였다.

1996년 홍콩에서 이뤄진 공연에서 왕다오정은 자신이 개발한 변검의 독자적인 공연 양식과 다양한 공연 기구를 통해 탈 24장을 바꾸는 경이적인 기록을 세웠다. 얼굴을 24개까지 바꾼 왕다오정은 홍콩 '대공보'로부터 중국 최고의 '변검왕'이라는 칭호를 받았다.

그런데 굳이 가면을 쓰지 않아도 인간은 왕다오정의 변검술보다 더욱 많은 얼굴을 가지고 있다. 마냥 고상하고 한없이 인격적인 것 같은 겉모습에 숨겨진 거짓되고 불의한 수많은 얼굴들이 우리의 솔직한 모습이라고 할 수 있다.

카멜레온처럼 수시로 변할 수 있는 것이 인간의 얼굴이다. 카멜레온은 빛의 강약, 온도, 감정의 변화에 따라 몸의 빛깔을 자유자재로 바꾸는 재주가 있다. 그런데 카멜레온의 변화는 외부 환경이나 감정에 따른 변화이기 때문에 예측할 수 있지만 인간은 그 변화를 알기가 쉽지 않다. 바뀐 얼굴이 그 사람의 본심을 나타내지 않는 경우가 많이 있기 때문이다. 천길 물속은 알아도 한 길 사람 속은 알 수 없다는 말이 거기서 나왔다.

동물은 얼굴만 보면 거의 본심을 알 수 있다. 그러나 위장의 천재인 인간은 얼굴만 봐서는 알 수가 없다. 상대가 싫으면서도 겉으로는 좋은 얼굴을 할 수 있고, 속으로는 배가 고프면서도 얼굴은 배부른 얼굴을 하며, 마음속으로는 딴 생각을 하면서도 겉으로는 잘 듣는 얼굴 표정을 얼마든지 할 수가 있는 것이 우리 인간이다.

14년 전, 영국의 유명한 여자 아나운서가 교통사고로 죽었다. 런던 시민으로부터 사랑을 받던 우리나라 식으로 하면 현모양처의 대표자였던 여인이었기에 많은 사람들이 그 죽음을 애도했다.

그런데 그 여인이 죽은 뒤 숨겨진 사생활이 드러났다. 이중생활을 했던 것이다. 남편과 자식이 있던 그녀에게 딴 남자가 있었고, 교통사고가 나던 그날 밤도 그 남자를 만나서 실컷 술을 마시고 가다가 사고가 났던 것이다.

모든 것이 밝혀진 뒤, 영국의 유명한 신문인 '더 타임즈'는 "그 여자는 그 여자가 아니었다."라는 제목으로 보도를 했다. 인간에 대한 평가에서 이것처럼 치욕스러운 말은 없다. 그런데 현실적으로 여기에서 자유로울 사람은 많지 않다고 본다.

하나님을 믿지 않는 사람들은 설령 그렇게 산다고 하더라도, 진리이신 예수님을 믿는 우리 그리스도인들은 그렇게 살아서는 안 된다. 겉과 속이 일치하는 진실된 삶을 살아야 한다. 하나님께서는 정직한 마음, 진실한 심령 속에 거하시고 그들을 축복하신다는 것을 잊지 말아야 한다.

"만물보다 거짓되고 심히 부패한 것은 마음이라 누가 능히 이를 알리요마는 나 여호와는 심장을 살피며 폐부를 시험하고 각각 그의 행위와 그의 행실대로 보응하나니 불의로 치부하는 자는 자고새가 낳지 아니한 알을 품음 같아서 그의 중년에 그것이 떠나겠고 마침내 어리석은 자가 되리라"(예레미야 17:9-11).

 주님께 평생 동안 마음을 지켜 달라고 간절히 수시로 기도 하십시오.

06

사람다운 사람

미국 20대 대통령은 제임스 가필드
(James Garfield: 1831 - 1881)인데, 그
에게는 유독 일화가 많다. 초등학교 〈도덕
(3-1)〉 교과서에 보면 '대통령 자리에 앉은 어
머니'란 제목으로 그에 대한 이야기가 소개되고 있
다. 가필드는 매우 가난한 집에서 태어나 어렵게 공부
를 했다. 책을 살 수 없다보니 남의 책을 빌려 공부하고,
남의 어깨너머로 공부를 해야만 했다.

어느 날, 안타까운 마음에 그의 어머니는 가필드에게
이런 말을 했다.

"세상에서 우리처럼 가난한 집이 없구나. 이 어미가
부모 노릇도 제대로 못 해 미안하구나."

그때 가필드는 웃으면서 이렇게 대답했다.

"어머니 걱정 마세요. 친구 중엔 저보다 더 가난한 아
이도 있는걸요. 전 반드시 훌륭한 사람이 되겠어요."

"그래 부디 훌륭한 사람이 되어 남을 도울 수 있는
사람이 되어라."

어머니는 이런 말로 가필드를 격려해주었다.

가필드는 어머니의 이 말씀을 가슴 깊이 새기고 열심히 공부하여 대학교 총장이 되고, 드디어는 1881년 3월 미국의 제 20대 대통령이 되었다.

대통령 취임식 날, 가필드는 직접 늙으신 어머니를 부축해 취임 식장에 나왔다. 그리고 대통령이 앉을 자신의 자리에 그의 어머니를 앉게 하고, 가필드 자신은 그 옆에 서서 취임식에 임했다. 그는 취임 연설에서 이렇게 말했다.

"국민 여러분! 저를 오늘 대통령이 되도록 보살펴 주시고 이끌어 주신 제 어머님을 이 자리에 모시고 나왔습니다. 오늘의 이 영광은 오로지 저의 어머님이 받으셔야합니다." 하고 어머니를 소개했다. 그러자 식장에선 우레와 같은 박수소리가 울려 퍼졌다. 은혜를 모르고 원망 불평하거나, 부모님의 마음에 깊은 상처를 남기는 자녀들에게 가필드의 이 이야기는 많은 것을 깨닫게 해준다.

가필드에겐 또 이런 일화도 있다.

그가 초등학교에 다닐 때의 이야기이다. 어느 날, 선생님이 반 학생들에게 질문을 했다.

"장차 어른이 되면 무슨 일을 하겠니?"

아이들이 다투어 대답했다. 훌륭한 대통령이 되겠다. 의사가 되겠다. 장군이 되겠다. 정치가가 되겠다. 그런데 가필드는 대답이 없었다. 선생님이 다시 물었다.

"가필드는 무엇이 되고 싶니?"

"저는 사람이 되겠습니다."

모두들 깔깔대며 웃었는데, 가필드에 대해 잘 알고 있었던 선생님은 그렇지 않았다. 선생님이 다시 물었다.

"그게 무슨 뜻이니?"

"예, 사람다운 사람이 되겠다는 뜻입니다. 사람이 사람답지 못하면 무엇이 되겠습니까? 먼저 사람다운 사람이 되겠습니다."

어른스런 이 말에 웃던 아이들이 전부 고개를 숙였다. 가필드는 자신이 말한 사람다운 사람이 되기 위해서 정직하고 성실하게 맡은 자리에서 최선을 다했다. 그리스도인으로서 하나님의 말씀에 따라 신실한 삶을 살고자 평생 노력했는데, 그에게 몇 가지 좌우명이 있었다.

"약속을 적게 하고, 진실을 말하자. 남을 비방하거나 나쁜 쪽으로 생각하지 말자. 비밀은 나의 것이나, 남의 것이나 지키자. 내 행동에 책임을 지고 남의 탓으로 돌리지 말자. 잠들기 전에 기도로 반성의 시간을 갖자."

가필드는 평생 이런 좌우명을 지키면서 사람다운 사람이 되려고 노력했다.

오늘날 많은 사람들이 은혜를 모르고, 거짓을 물마시듯 마시며, 향락에 빠져 가정을 버리고, 자기에게 이익이 된다면 동료도 친구도 심지어 가족도 팔고 있다. 사람이기를 포기한 사람들처럼 살고 있다. 그래서 사람다운 사람을 만나는 것이 쉽지가 않다. 사람으로 태어났다고 다 사람은 아니다. 만물의 영장으로 하나님의 형상을 지닌 사람답게, 바르고 진실되게 살며 사랑을 베풀며 사는 사람이 사람다운 사람인 것이다.

"사람아 주께서 선한 것이 무엇임을 네게 보이셨나니 여호와께서 네게 구하시는 것은 오직 정의를 행하며 인자를 사랑하며 겸손하게 네 하나님과 함께 행하는 것이 아니냐"(미가서 6:8).

내가 정의를 행하며, 인자를 사랑하며, 주님 안에서 겸손하게 살고 있는지 점검하십시오.

07

왜 나입니까?

그리스도인이라면 누구나 살아 오면서 하나님께 실망한 적이 몇 번은 있을 것이다. 뛰어난 영성의 소유자인 필립 얀시는 하나님께 실망하지 않는 사람은 오직 하나님의 존재를 믿지 않는 불신자들뿐이라고 말했다.

성공지상주의와 기복주의성향이 강한 현대의 그리스도인들은 과거 어느 때보다 하나님께 실망하기 쉽다. 그런 현대 교인들에게 위대한 테니스 선수였던 아더 애쉬가 보여준 믿음은 많은 도전을 주기에 충분하다.

아더 애쉬는 흑인 선수로는 처음으로 US오픈(1968년), 호주오픈(1970년)을 제패하고, 1975년 윔블던 대회를 우승했던 전설적인 선수다.

미국에서 벌어지는 US오픈대회는 영국의 윔블던 대회와 프랑스오픈과 호주오픈과 함께 세계 4대 메이저 대회에 속한다.

뉴욕 코로나 파크에 있는 US오픈경기장에는 여러 개

의 코트가 있는데 결승전 등 주요한 경기가 열리는 장소는 아더 애쉬 스타디움이다. 아더 애쉬의 이름을 딴 것이다. 테니스를 통해 이룬 업적이나 재능으로만 보면 미국에는 아더 애쉬보다 뛰어난 선수가 여러명 있다. 윔블던 대회 7회 우승 등 메이저 14승에다 무려 6년간 세계랭킹 1위였던 피트 샘프라스가 있고, 윔블던 2회 우승의 지미 코너스나 윔블던 3회 우승, US오픈 4회 우승의 존 매캔로도 있다. 그런데 그들을 제치고 아더 애쉬는 미국 테니스의 전당이라고 할 수 있는 US오픈대회의 주경기장 이름에 당당히 자신의 이름을 올려놓았다.

거기에는 그럴만한 이유가 있다.

아더 애쉬의 자선활동과 불굴의 의지가 미국민들에게 큰 감동을 주었기 때문이다. 아더 애쉬는 은퇴한 후, 테니스 코치와 방송해설가로 활동하면서 흑인들과 빈곤층 어린이들을 돕는데 전력을 다했다. 그러던 그에게 불행이 찾아왔다. 에이즈에 감염된 것이다. 심장 수술 때 받은 수혈 때문이었는데, 그는 에이즈에 굴복하거나 좌절하지 않았다. 집에 가만히 앉아 죽음을 생각하기보다 불우한 이웃을 위해 마지막 남은 생애를 보냈다. 그래서 1993년 50세의 나이로 세상을 떠날 때까지 최선을 다해 가난한 사람들을 도우며 남아프리카 인종문제나 아이티 난민들을 위한 사회봉사 활동을 펼쳐 나갔다.

그가 에이즈와 싸우고 있을 때 전 세계 많은 팬들이 위로 편지를 보냈는데, 그 중에 이런 내용이 있었다.

"하나님께서는 왜 당신에게 이런 불행을 주셨나요? 하나님이 원망스럽지 않나요?"

이에 대해 아더 애쉬는 다음과 같은 답장을 써보냈다.

"전 세계에 5억 명의 어린이가 테니스를 배우고, 5천만 명이 테니스 경기를 하며, 50만 명이 프로 테니스 선수이고, 5000명이 그랜드슬램대회에 출전해 봤고, 50명이 윔블던 대회에 출전하며, 4명이 준결승전에 나가고, 2명이 결승전에 오릅니다. 내가 윔블던 우승 트르피를 받아 들었을 때 하나님께 '왜 저를 선택하셨나요?'라고 묻지 않았듯이, 지금 이 고통 중에서도 하나님께 '왜 하필 저인가요?'라고 묻지 않습니다. 고통에 대해 '왜 나야?'라고 묻는다면 내가 받은 축복에 대해서도 '왜 나야?' 라고 물어야 합니다."

정말 놀라운 믿음이다. 이런 그의 믿음과 헌신적인 봉사활동 때문에 그의 삶이 더욱 빛이 난 것이다. 그가 죽었을 때 미국의 전 TV에서는 그의 장례식을 소개했고, NBC TV같은 경우에는 30분 간 특집으로 그의 생애를 다루었다.

우리는 축복과 성공에 대해서는 "왜 나입니까?"라고 묻지 않는다. 그러나 고난과 역경을 당하면 "왜 나입니까?"하며 하나님을 원망하고 절규한다. 이것은 참된 신앙인의 자세가 아니다. 성공과 실패, 기쁨과 슬픔, 형통과 역경 등 어떤 상황에서도 나를 향하신 하나님의 뜻을 생각하며 감사하는 것이 신앙인의 바른 자세이다.

"형통한 날에는 기뻐하고 곤고한 날에는 되돌아 보아라 이 두 가지를 하나님이 병행하게 하사 사람이 그의 장래 일을 능히 헤아려 알지 못하게 하셨느니라"(전도서 7:14).

 하나님이 주시는 큰 복에 감사하고, 역경에는 더욱 감사하십시오.

메멘토 모리

2014년 현재 지구상에는 71억
이 넘는 많은 사람들이 살고 있다.
그 중에 죽음을 기억하며 살고 있
는 사람들은 얼마나 될까? 라틴어로 '메멘토 모리'라는
말이 있다. '죽음을 기억하라'는 말로 인간의 유한함을
겸손히 인정하고 현재에 충실하라는 말이다. 엄격한 수
도생활과 평생의 침묵생활로 유명한 트라피스트 수도회
의 수사들이 유일하게 쓰는 말이 바로 이 메멘토 모리
다. 메멘토 모리를 주고받으며 그들은 하루하루의 삶에
최선을 다한다.

우리가 아무리 부정하고 싶어하고 외면하고 싶어해
도 죽음은 우리 가까이에 있다. 이런 유명한 말이 있다.
"만일 당신이 매일을 삶의 마지막 날처럼 산다면 언
젠가 당신은 가장 옳은 삶을 살았다는 걸 알게 될 것이
다."
오늘을 인생의 마지막 날이라고 생각하는 사람은 하

루를 치열하게 살고 가치 있게 산다. 넘치도록 흔한 것 중의 하나와 마지막이 될지 모르는 하나는 같은 하나라도 그 가치와 의미가 다르다는 것을 알기 때문이다.

로마시대에 황제에게 중요한 조언을 했던 두 그룹이 있었다.

한 그룹은 황제에게 라틴어로 '카르페 디엠', 즉 현재를 즐기라고 조언했고, 다른 한쪽은 '메멘토 모리', 즉 죽음을 상기하며 살라고 간언했다.

전자를 따른 황제는 짧은 인생 신나게 인생을 즐기자라는 생각으로 퇴폐적인 인생을 살면서 폭압적인 정치를 하여 나라를 쇠퇴하게 만들었다. 그러나 후자를 따른 황제는 할 일은 많은데 주어진 시간이 부족하다는 생각을 하여 긴장을 늦추지 않고 정치를 해서 로마를 부흥시켰다.

죽음을 기억하는 사람들만이 삶을 낭비하지 않고 인생을 열정적으로 산다. 편안하고 좋은 것만을 기억하는 사람들은 위대한 인생이 될 수 없다. 위대한 사람일수록 힘들고 두려웠던 것을 기억하며, 또 보통 사람들이 생각하기 싫은 것을 기억하여 인생의 교사로 삼는다. 그러기에 죽음을 기억하는 인생이 지혜로운 인생인 것이다.

스펜서 존슨은 그의 책 '선물'에서 인생에 있어 가장 소중한 선물이 현재라고 말한다. 내게 주어진 이 하루가 얼마나 소중한 것인가를 아는 사람은 삶을 의미 있게 살아간다.

'모리와 함께 한 화요일'이라는 아주 감동적인 책이 있다. 모리 슈워츠 교수는 미국의 브랜다이스 대학 사회학 교수였는데 불행하게도 루게릭병에 걸려 시한부 인생을 선고받았다. 루게릭병은 메이저리그의 전설적인 타자 루 게릭의 이름을 딴 병으로, 신경세포를 망가뜨려 근육을 무력화시키는 병인데 사지를 움직일 수 없음에도 통증은 그대로이기에 더욱 두려운 병이다. 이렇게 무서운 병에 걸렸음에도 모리 교수는 죽을 때까지 하루하루를 의미 있게 보냈다.

ABC-TV를 통해 시청자들에게 인생의 가치를 일깨워 주고, 매주 화요일마다 침상에 누워 그의 제자인 미치 앨봄에게 13번의 인생수업을 강의했다.

가족, 죽음, 돈, 결혼, 용서 등 13개의 테마를 가지고 진솔하게 자신의 인생경험을 들려주었다. 그리고 마지막 14번째 화요일에 작별의 인사를 나누고는 밝은 얼굴로 세상을 떠났다. 모리 교수는 '죽어간다'는 말이 '쓸모없다'는 말과 동의어가 아님을 입증하려고 하루하루의 삶에 전력을 다했던 것이다.

사도 바울이 위대한 사도가 될 수 있었던 것도 날마다 죽음을 기억하며 살았기 때문이다. 날마다 죽는다는 고백을 하였기에(고린도전서 15:31), 사도 바울은 오직 그리스도를 바라보며 하루하루 최선을 다해 생명의 복음을 전할 수가 있었다. 메멘토 모리! 죽음을 기억하며 사는 인생이 위대한 인생이라는 것을 오늘도 잊지 말아야 한다.

"형제들아 내가 그리스도 예수 우리 주 안에서 가진 바 너희에 대한 나의 자랑을 두고 단언하노니 나는 날마다 죽노라"(고린도전서 15:31).

 주님 때문에 욕구를 죽이며 살고 있는지 점검해 보십시오.

1818인생과 8848인생

현대인들의 성공에 대한 갈망은 그 어느 때보다 크다. 부와 권세, 명예에 대한 욕구는 상상을 초월한다.

전화번호 숫자를 봐도 성공에 대한 사람들의 염원이 어느 정도인가를 알 수 있다. 뒷자리 숫자를 자세히 보면 업종을 알 수 있고, 그 사람의 인생관도 알 수가 있다. 보통 병원의 뒷자리 숫자는 7575, 택배서비스는 8282, 장례식장은 4444, 이삿짐센터는 2424, 세탁소는 8939, 치킨집은 9292, 치과는 2875, 안경점은 1001, 영어학원은 0582, 부동산업체는 8949, 건설업체는 0404이다.

교회도 예외는 아니다. 물론 세속적인 성공을 위한 것은 아니지만, 9191이나 0691은 대부분 교회가 애용하는 전화번호 뒷자리 숫자이다. 이것을 보더라도 숫자가 단지 숫자가 아님을 알 수 있다. 그 숫자를 선택한 사람의 소망과 인생관이 거기에 담겨있는 것이다.

21명을 끔찍하게 살해한 희대의 살인마 유영철이 있다. 유영철의 전화번호 뒷자리 숫자는 1818이었다. 보통 사람들이 가장 기피하는 숫자다. 유영철은 전화번호뿐 아니라 인터넷 아이디나 비밀번호도 1818이었다. 그는 어렸을 때부터 자신의 운명을 비관하고 저주했다.

유영철의 생일이 4월18일인데, 그는 4자를 죽을 사(死)자와 연결시켰고, 18을 욕이라고 해석해서 자신의 인생은 어차피 태어날 때부터 망하게 태어났다고 생각했다.

거기다 자신의 불우한 환경까지 연결해서 늘 비관적으로 살았는데, 그래서 1818이란 숫자를 선택했다. 유영철 스스로 1818인생을 만든 것이다. 환경에 굴복하여 모든 것을 운명으로 돌리며 망가진 인생으로 살았던 것이다. 하나님께서는 인생을 섭리해 나가시지만 다른 한편으로 인간에게 자유의지를 주셨기에 인간은 자신의 삶을 보람 있고 건설적으로 살아야 한다.

삶의 책임은 인간 자신에게 있다. 마지막 심판 때 하나님께서는 각자 살아온 삶에 대해 준엄하게 책임을 물으신다. 안타깝게도 우리 주위를 보면 열악한 환경을 탓하고 부모와 사회를 원망하며 1818인생처럼 사는 어리석은 사람들이 많이 있다.

우리나라는 세계 최강의 등반 강국이다.

8848m의 에베레스트 산을 비롯해 히말라야 14좌를 완등한 산악인을 5명이나 보유하여, 이탈리아와 함께 최다 보유국이다. 엄홍길, 고 박영석, 한왕용, 김재수, 김창호 등인데, 그들 가운데 엄홍길, 고 박영석, 한왕용에겐 공통점이 하나 있다.

전화번호 뒷자리가 모두 8848이라는 것이다. 2m도 안 되는 인간이 8848m의 에베레스트 산 앞에 서면 정말 초라하고 작아 보인다. 정복할 수 없는 난공불락의 산처럼 보인다. 그러나 8848인생들에게는 에베레스트 산이 결코 넘을 수 없는 벽이 아니다.

1818인생의 특징이 원망과 불평, 비관과 절망이라면, 8848인생은 감사와 긍정, 도전과 비전이다. 환경에 굴복하고 팔자와 운명이라 체념하며 1818인생으로 살 것인지, 아니면 환경을 정복하고 운명을 개척하는 8848인생으로 살 것인지는 스스로에게 달려 있다. 특히 하나님을 믿는 그리스도인들에게는 어떤 환경이라도 이겨나갈 수 있는 능력이 내재되어 있다(빌립보서 4:13).

요즘 흔히 쓰는 말 중에 '넘사벽'이라는 말이 있다. "넘을 수 없는 사차원의 벽"의 약자로 거의 불가능한 일을 말한다. 그러나 하나님을 믿는 그리스도인들에겐 주님의 뜻이라면 불가능이란 없다. 넘을 수 없는 벽은 세상 어디에도 없다. 그러므로 하나님께서 주신 창공을 훨훨 날 수 있는 독수리의 능력을 스스로 제한해, 울타리 안에 갇힌 닭처럼 살지 말자. 환경이나 핸디캡이 우리의 길을 막는 것이 아니라, 부정적인 생각과 잘못된 믿음이 우리의 길을 막는 다는 것을 기억하자. 그리스도인들에게 있어 넘사벽이란 세상 어디에도 존재하지 않는다!

"예수께서 이르시되 할 수 있거든이 무슨 말이냐 믿는 자에게는 능히 하지 못할 일이 없느니라 하시니"(마가복음 9:23).

지금까지의 내 인생을 나타내는 숫자와 앞으로 나타날 숫자는 무엇인지 생각하십시오.

그래도 살아야 한다

인간의 생명은 천하보다 귀하다(마태복
음 16:26). 천하를 주고도 바꿀 수 없는 것
이 생명이다. 그런 귀한 생명인데, 하루에도
30명 가까운 사람이 스스로 목숨을 끊고 있다.
갈수록 생존경쟁이 치열하고 삶의 중압감에 눌리다보
니 많은 사람들이 자살을 그 도피처로 생각한다. 그러
나 견디기 힘들 정도로 어려워도, 그래도 살아야 한다.
생명은 하나님이 주신 것이고 너무도 고귀하기에, 또 죽
게 되면 회복의 기회가 영원히 없기에 그렇게 죽어서는
안 된다.

2012년 통계를 보면 우리나라는 OECD 국가 중에 10
만 명당 28.1명이 자살하여 8년 째 OECD 자살률 1위
를 기록하고 있다. 참으로 불명예스러운 기록이 아닐 수
가 없다. 한창 일할 나이 대인 20대에서도 자살이 사망
원인 1위를 차지하고 있고, 더 안타까운 것은 앞으로 나
라를 책임져야 할 10대 꿈나무들에서도 1위를 차지하
고 있다는 것이다. 생명의 고귀함에 대한 가르침이 절실

히 필요한 시점이 아닐 수 없다.

'살아야한다 나는 살아야한다' 라는 책이 있다.

마르틴 그레이가 지었는데 전 세계에서 3,000만부가 팔릴 정도로 대단한 베스트셀러이다. 그 책에 보면 그레이의 삶이 참 기구하다 못해 가혹하다. 그는 유대인으로 1922년 폴란드 바르샤바에서 태어났는데, 2차 세계대전의 와중에 독일군에게 체포돼 트리블린카의 유대인 수용소에 수감되었다. 나치에 의해 일가친척 110명이 포로수용소에 갇혔는데, 그레이 외에 그의 어머니와 동생들을 포함해 110명이 전부 다 참혹하게 죽었다. 그는 화물기차에 숨어 극적으로 탈출했다. 체포를 모면한 아버지와 함께 독일군에 맞서 싸우다가 그가 보는 앞에서 아버지가 총에 맞아 죽었다.

2차 세계대전이 끝난 후, 1959년 좋은 여자를 만나 결혼을 해서 네 명의 자녀를 낳고 행복하게 살았다.

그런데 이게 또 웬일인가? 1970년 10월3일, 갑작스런 산불로 아내와 눈에 넣어도 아프지 않을 네 아이들을 한날 한 시에 다 잃고 만다. 이런 상황이라면 보통, 세상을 원망하고 자살할 텐데 그는 그러지 않았다. 죽은 가족들의 죽음을 헛되게 할 수 없다고 아내의 이름을 따서 디나 그레이 재단을 설립해 어린이들과 사람들을 산불의 피해로부터 보호하는 일에 앞장섰다.

또 책 인세와 영화에 대한 권리는 인권 단체와 환경 단체에 모두 기부하면서 어려운 사람들을 도왔다. 그레이는 말한다. 어떤 절망적인 상황 가운데서라도 살아야 한다고, 살아 있는한 아직 세상에서 해야 할 일이 있다고...

그레이의 말대로 어떤 극한의 상황에서도 살아야 한다. 참된 믿음은 죽음의 길이 아닌 삶의 길을 선택한다. 어떤 경우에도 자살은 신앙과 양립할 수 없다.

믿음은 모든 것을 이긴다고 했다(요한일서 5:4). 그래서 안락사는 어떤 이유에서도 용납할 수가 없다.

130여명의 안락사를 도운 혐의로 8년여 동안 감옥생활을 했던 미국의 잭 케보키안(Jack Kevorkian)의 인터뷰는 많은 것을 시사해준다. 그는 130여 명 중에 45명의 사람들에게 약물을 주사하기 전에 물어 보았다고 한다.

"목사님을 만나 보겠느냐? 기도하겠느냐? 성경이 필

요하냐?"

그랬을 때 45명중에 단 한 사람도 하나님의 도움을 요구하지 않았다. 그래서 그도 뭐라고 결론을 내렸냐면 "자살을 택한 사람의 심적 상태는 무신론자와 같다."

자살자에 대해 동정의 시각도 필요는 하지만 지나친 동정과 미화를 해서는 안 된다. 인간은 하나님의 형상을 지닌 고귀한 존재로 주님의 것이며, 죽음이 끝이 아니고 영원의 시작이라는 것을 명심해야 한다. 그러기에 어떤 경우에라도 살아야 한다. 그것이 신자의 바른 자세이다. 하이델베르그 신앙고백서의 유명한 고백문은 우리에게 그것을 더욱 확고하게 가르쳐준다.

"나의 몸과 영혼은 이 세상에 사는 때와 장차 죽을 때에도 내 것이 아니라 나의 신실한 구주가 되신 그리스도의 것이다."

"사람이 만일 온 천하를 얻고도 제 목숨을 잃으면 무엇이 유익하리요 사람이 무엇을 주고 제 목숨과 바꾸겠느냐"(마태복음 16:26).

생명의 귀중함을 알고 전도하고, 어떤 상황에서도 절대로 스스로 목숨을 포기하지 마십시오.

아름다운 인생

　　얼마 전에 다하라 요네꼬 여사의 '산다는 것이 황홀하다'는 책을 감동적으로 읽었다. 꿈 많고 감수성이 예민했던 여고 시절, 그렇게 믿고 의지했던 어머니가 돌아가시자 다하라 요네꼬는 인생의 허무함을 느끼고 방황을 하게 된다.

　　결국 고 3때 달려오는 기차에 뛰어들어 왼손과 양발을 잃는 삼지절단의 장애인이 되고 만다. 그런 심각한 장애를 안고 살아온 다하라 요네꼬 여사는 이제 78세의 할머니가 되었는데, 사고 후 50여년의 인생을 돌아보면서 인생이 황홀할 정도로 아름다웠다고 고백을 한다. 무엇이 요네꼬 여사로 하여금 황홀한 인생을 살아왔노라고 말하게 했을까?

　　거기에는 결정적인 계기가 있었다. 사고 직후 다하라 요네꼬는 자신의 장애를 비관하여 절망과 좌절 속에서 어떻게 하면 죽을까 그 생각만 했다. 바로 그 때 선교사

지망생인 아끼도시라는 청년을 통해 "예수님께서는 당신의 있는 모습 그대로를 사랑하시고 하나님께서 당신을 위한 계획이 있으니 예수님을 믿으세요."라는 복음의 메시지를 듣게 된다.

그러던 어느 날, 베개 옆에 놓여 있던 성경을 읽었는데 고린도후서 5장 17절 말씀에 나오는 '새로운 피조물'이라는 말씀이 가슴에 와 닿으면서 요네꼬의 인생에 있어 변화가 일어난다.

'아 아직도 나에게는 오른팔이 남아 있고, 엄지, 검지, 중지 세 개의 손가락이 남아 있구나.'라는 사실을 깨닫게 된 것이다. 당시 18세였던 요네꼬는 그날부터 완전히 다른 사람이 되어 의사와 간호사를 비롯해 만나는 사람들마다 웃는 얼굴로 대한다. 그는 황홀한 인생을 사는 비밀을 알게 되었던 것이다.

요네꼬는 자신에게 복음을 전했던 아끼도시 청년과 결혼해 두 딸을 낳고, 그 후 목사님이 된 남편과 여러 지역을 순회하며 주의 복음을 전하였다. 특히 자신과 같이 장애로 고통 받는 사람들에게 혼신을 다해 사랑을 베풂으로 많은 사람들을 아름다운 인생의 동반자로 만들었다. 그렇게 살아온 인생이었기에 산다는 것이 황홀하다는 말을 할 수 있었던 것이다.

다하라 요네꼬 여사와 같이 인생을 아름답게 사는 사람들을 보면 공통적인 특징이 있다.

첫째는, 현재에 자족한다는 것이다. 자신의 모습이나 삶의 처지, 그리고 주위 환경이 어떻든지 간에 불평하지 않고 감사하게 받아들인다. 화려했던 과거를 못 잊거나 부족한 자신의 모습에 집착하는 사람은 인생을 아름답게 살 수가 없다.

둘째는, 생명의 소중함을 안다. 지구상에 71억의 많은 사람이 살고 있지만 어느 생명 하나 귀하지 않은 것이 없다. 이 땅에 태어난 사람이면 누구나 하나님의 형상을 지닌 고귀한 존재들이다. 생명의 소중함을 아는 사람들은 살아 있다는 것에 감사하며, 자신을 포함해 모든 사람들을 귀하게 여긴다.

마지막으로, 사랑을 나누며 산다. 인간은 부모님이나 스승과 친구 등 많은 사람들로부터 사랑을 받고 살아간다. 아름다운 인생을 사는 사람들은 흐르는 물처럼 부지런히 사랑을 나누어 준다. 그래서 아름다운 인생이란 부유함이나 권세, 외모, 재능, 환경에 있는 것이 아니라 삶의 자세에 있다. 이것을 기억해야 한다.

'인생은 아름다워'라는 영화가 생각난다.

나치에 포로로 잡힌 주인공 귀도는 아들에게 인생이 아름답다는 것을 보여주기 위해 처형장으로 끌려가는 순간에도 광대의 걸음걸이를 흉내 내며 웃음을 잃지 않는다. 그 모습이 매우 인상적이었다. 우리 인생은 한번뿐이다. 한 번뿐인 인생, 헛되이 낭비하지 말고 아름답게 살아가자. 최악의 상황에서도 다른 사람에게 희망을 줄 수 있는 아름다운 흔적을 남기는 삶으로 살아가자.

"그런즉 너희가 어떻게 행할지를 자세히 주의하여 지혜 없는 자 같이 하지 말고 오직 지혜 있는 자 같이 하여 세월을 아끼라 때가 악하니라"(에베소서 5:15,16).

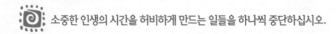 소중한 인생의 시간을 허비하게 만드는 일들을 하나씩 중단하십시오.

뒷모습의 중요성

대부분의 동물은 겉모습과 속마음이 일치한다. 배고프면 배고프다고 표현하고, 화나면 화난 몸짓을 하고, 좋아하면 좋아하는 표정을 짓는다. 겉모습이 그들의 속마음인 것이다. 그러나 인간은 겉모습을 자세히 살펴봐도 속마음을 알 수 없을 때가 많다.

배고프면서도 배부른 척 하고, 싫어하면서도 겉으로 좋아하는 척 할 수 있기 때문이다. 앞모습만으로 그 사람의 마음을 알 수 없는 존재가 인간이기에, 겉모습을 통해 그 사람의 됨됨이나 인품을 파악하는 것은 쉽지가 않다.

그래서 뒷모습이 중요한 것이다.

뒷모습만큼 정직한 것은 없다. 앞모습은 감출 수 있지만 뒷모습은 절대 감출 수가 없다. 뒷모습을 찬찬히 살펴보면 그 사람이 진실한지 아닌지를 알 수 있다.

육영수 여사가 어느 인터뷰에서 박정희 대통령과 결

혼하게 된 결정적인 계기에 대해 말한 적이 있다.

"1950년 8월 하순, 맞선 보던 날 군화를 벗고 있는 모습이 그렇게 든든해 보였어요. 사람은 얼굴로써는 남을 속일 수 있지만 뒷모습은 남을 속이지 못하는 법이예요. 뒷모습은 정직하거든요. 그 후 몇 번 만나보니까 내 생각이 틀리지 않았다는 것을 확인할 수 있었어요."

진실한 뒷모습을 발견하고 결혼을 결심하게 되었다는 말인데, 그 당시만 해도 박정희는 순수한 군인의 마음이었으리라.

17세의 공주인 스테파니와 함께 교통사고로 죽은 모나코의 그레이스 왕비는 차에 타면서 애인이 생긴 딸 스테파니에게 유언과도 같은 말을 하였다.

"남자들은 스테파니보다 공주를 더 사랑한다는 것을 명심하거라."

뒷모습보다 겉모습에 좌우되는 인간의 속성을 깨닫고 뒷모습을 살펴보라는 말이다.

인간은 보이는 얼굴은 하나지만 보이지 않는 얼굴, 즉 감춰진 얼굴은 셀 수 없이 많다. 그래서 겉모습만으로는 뒷모습을 알 수 없다.

현존하는 세계최고의 건축물 중의 하나인 파르테논 신전을 건축할 때의 일화이다.

그때나 지금이나 거대한 석주를 세워 지붕을 올리고 값비싼 대리석에 아름다운 조각을 하는 것은 어마어마 한 자금이 필요한 공사다. 그때도 공사비를 절약하기 위 해 부실하게 시공하는 업자들이 있었다. 파르테논 신전 이 거대한 외양을 갖춰갈 무렵 공사비를 절감한다는 명 목 하에 신전의 지붕공사를 대충 마무리하여 지으려 했다.

지금이야 하늘을 나는 게 일도 아니지만, 그때는 하 늘을 난다는 것이 상상도 하기 힘든 시대이니만큼 사람 들의 시선이 닿지 않는 지붕은 대충 넘어 가자는 게 합 리적일 수가 있다. 그러나 한 사람의 고고한 외침에 부 실시공 계획은 전면 취소되었다.

"신이 보고 있지 않은가!"

보이지 않는 이면을 신이 바라보고 있다는 한 마디 외침에 파르테논 신전은 사람들의 시선이 닿지 않는 지 붕 구석구석까지 정성을 다해 아름답게 장식할 수 있었 다. 눈에 보이는 겉모습도 중요하지만 눈에 보이지 않는 뒷모습은 훨씬 더 중요하다. 다윗을 왕으로 세우신 사례에서 보듯이, 하나님께서는 겉모습보다는 사람들의 눈에 드러나지 않는 뒷모습을 더 중요하게 생각하신다(사무엘상 16:7).

그래서 하나님께서는 우리의 뒷모습을 늘 지켜보고 계신다. 앞이 전부가 아니다 우리의 뒤를 바라보는 주님이 계시다는 사실을 기억해야 한다.

"여호와께서 사무엘에게 이르시되 그의 용모와 키를 보지 말라 내가 이미 그를 버렸노라 내가 보는 것은 사람과 같지 아니하니 사람은 외모를 보거니와 나 여호와는 중심을 보느니라 하시더라"(사무엘상 16:7).

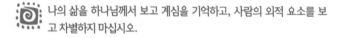 나의 삶을 하나님께서 보고 계심을 기억하고, 사람의 외적 요소를 보고 차별하지 마십시오.

낙엽과 노을

가을은 낙엽의 계절이고 또 노을의 정취를 한껏
느낄 수 있는 시기이다. 낙엽과 노을이란 말
을 들을 때마다 생각하는 것이지만, 이
말들이 결코 가볍지가 않다는 것이다. 인
생을 돌아보고, 인생의 의미를 일깨워줄
정도로 무게감이 담겨져 있다. 그러기에 문학
가들이 좋아하여 많이 인용하는 것 같다.

낙엽과 노을을 통해 몇 가지 교훈을 생각해 보았다.

첫째, 살아 있는 모든 것들은 때가 되면 사라진다는
것이다. 마지막이 있음을 교훈해 준다고 하겠다. 한 여
름 싱그러움과 푸르름으로 그 자태를 뽐냈던 나뭇잎도
가을이 되면 메마른 잎이 되어 자기 몸도 가누지 못해
떨어지고 만다. 노을도 한 낮을 호령하며 세상 구석구석
을 환히 비추던 태양의 사라짐을 보여주는 흔적이라고
하겠다.

이것은 인생에도 낮의 태양처럼 세상을 호령하던 청

춘기가 있지만 사라져 가는 저녁 노을 같은 황혼기가 있음을 보여주는 것이다. 천하장사 항우도, 성인이라고 불리는 석가나 공자도 때가 되자 세상을 떠났다. 그러므로 마지막이 있음을 알고 겸손히 살아가는 인생은 지혜로운 인생이라고 할 수 있다.

둘째, 열심히 산 사람의 마지막은 아름답다는 것이다. 가을의 낙엽은 여름을 열심히 살았음을 증거 하는 훈장이라고 할 수 있다. 나뭇잎들은 여름 내내 광합성작용을 통해 나무를 성장시키고, 잎에서 내뿜은 산소를 통해서 자연과 인간을 살렸다. 최선을 다해 살았기에 가을의 낙엽은 아름답기 그지없다. 낙엽도 열심히 살았기에 후회가 없으리라고 생각한다. 태양도 한 낮에 뜨거운 빛을 세상에 비추므로 만물에 에너지를 공급해주고 인생에 활기를 불어넣었다. 그러했기에 저녁이 되었음을 알려주는 노을은 태양의 수고로움에 대한 훈장인 것이다.

인생도 마찬가지다. 생을 의미 있고 보람 있게 산 사람들의 마지막은 아름답다. 열심히 복음을 전하다 죽은 스데반의 모습은 천사와 같이 아름다웠다고 성경은 말

쓸하고 있다(사도행전 6:15). 최선을 다해 살다 떠나가는 사람들의 뒷모습은 아름답다.

셋째, 아름다운 인생은 떠남을 통해서도 세상에 유익을 남긴다는 것이다. 낙엽은 나뭇잎으로 있을 때도 많은 유익을 주었지만, 떠난 후에도 세상에 큰 유익을 남긴다. 낙엽은 숲속의 하천을 살리는 일등공신이며, 홍수 예방에도 큰 도움을 주고, 토양을 보호하고 비옥하게 만들며, 미생물들이 살아가는 터전이 된다. 이처럼 나뭇잎은 살아 있을 때 뿐만 아니라 죽은 후에도 세상을 살리는 일을 한다. 태양도 노을을 통해 세상에 유익을 가져다준다. 노을은 인생에 있어서 바쁜 일상 속에 잠시 여유를 갖게 하고, 인생을 돌아보게 한다. 또 태양이 사라지고 밤이 옴으로 만물이 안식을 취할 수 있다.

이처럼 진정한 아름다움은 떠남의 자리에서 알 수 있다. 그러므로 인생에 있어서 마지막 모습은 참으로 중요하다.

알프스의 소녀 하이디에 보면 하이디가 할아버지에게 묻는 대목이 나온다.

"할아버지 저녁노을은 왜 저렇게 아름다워요?"

그 때 할아버지는 이렇게 대답을 한다.

"하이디야! 인간이나 자연이나 마지막 인사말이 제일 아름다운 법이란다. 저녁 노을은 태양이 산들을 향해 잘 있으라는 인사의 표시기에 저렇게 아름답단다."

우리도 이 땅을 떠날 때, 저녁 노을이나 가을 낙엽처럼 세상에 유익을 주며 떠날 수 있는 아름다운 인생이었으면 좋겠다.

"나는 선한 싸움을 싸우고 나의 달려갈 길을 마치고 믿음을 지켰으니 이제 후로는 나를 위하여 의의 면류관이 예비되었으므로 주 곧 의로우신 재판장이 그 날에 내게 주실 것이며 내게만 아니라 주의 나타나심을 사모하는 모든 자에게도니라"(디모데후서 4:7,8).

 천국에 가서 하나님께 어떤 칭찬을 듣고 싶은지 생각해 보고 그 말을 듣기 위해 해야 할 일에 대한 계획을 세우십시오.

"... 마음을 강하게 하고 담대히 하라
두려워 말며 놀라지 말라
네가 어디로가든지 네 하나님 여호와가
너와 함께하느니라..." (여호수아 1:9)

최요한 목사 「절대강자」 시리즈

기도의 절대강자

–능력있는 기도의 사람이 되는 비결!
–기도의 절대강자로 살아가기 위한
 효과적인 기도 실천 방법을 제시한 책!

믿음의 절대강자

–인간의 안목과 주어진 환경으로는
 절대 꿈꿀 수 없는 것들을
 기대하고 이루어 낸 사람들의 비결!
–믿음의 발전과 승리의 삶을 제시한 책!

중·고·대·대학원 수석/장학생으로 키운 엄마의 간증!

미국의 예일, 줄리어드, 노스웨스턴, 이스트만, 브룩힐, 한예종, 예원중에서
수석도 하고 장학금과 지원금으로 그동안 10억여 원을 받으며
공부하는 두 아이지만, 그녀는 성품교육을 더 중요시했습니다.

"우리 집 살림을 두 아이를 미국에 유학 보낼 만큼
넉넉하지 않습니다."
그런데 10여 년간 우리는 학비를 내지 않고
두 아이를 공부시키고 있습니다.

이 글이 자녀들을 영향력있는 글로벌 리더로
잘 키우고 싶어 하는 이 땅의 부모님들에게
작은 도움이 되었으면 좋겠습니다."

정삼숙 사모 지음

맞춤형 무릎 기도문 시리즈

30일 작정 기도서

기도가 답입니다! -그런데 그 기도는 구체적이어야 합니다.

망망한 바다 한가운데서 배 한 척이 침몰하게 되었습니다.
모두들 구명보트에 옮겨 탔지만 한 사람이 보이지 않았습니다.
절박한 표정으로 안절부절 못하던 성난 무리 앞에 급히 달려 나온 그 선원이
꼭 쥐고 있던 손바닥을 펴 보이며 말했습니다.
"모두들 나침반을 잊고 나왔기에 … "
분명, 나침반이 없었다면 그들은 끝없이 바다 위를 표류할 수밖에 없을 것입니다.

삶의 바다를 항해하는 모든 이들을 위하여 우리는 그 나침반의 역할을 하고 싶습니다.
우리를 구원하신 아름다운 주님을 21세기 문명의 이기(利器)를 통하여
널리 전하고 싶습니다. (디모데전서 2장 4절)

길을 찾는 이들에게

지은이 | 최요한 목사
발행인 | 김용호
발행처 | 나침반출판사

발행일 | 2014년 7월 15일

등 록 | 1980년 3월 18일 / 제 2-32호
주 소 | 157-861 서울 강서구 염창동 240-21
　　　　블루나인 비즈니스센터 B동 1607호
전 화 | 본　사(02)2279-6321
　　　　영업부(031)932-3205
팩 스 | 본　사(02)2275-6003
　　　　영업부(031)932-3207

홈페이지 | www.nabook.net
이 메 일 | nabook@korea.com
　　　　　nabook@nabook.net

ISBN 978-89-318-1480-4
책번호 가-3099

값은 뒷표지에 있습니다.